AF199145

Dieter Gruber

Eine Kindheit in Hard

Erinnerungen an ein Paradies

Bibliografische Information der Deutschen Nationalbibliothek:
Die Deutsche Nationalbibliothek verzeichnet diese Publikation in der Deutschen Nationalbibliografie; detaillierte bibliografische Daten sind im Internet über http://dnb.dnb.de abrufbar.

©2023 Dieter Gruber
Herausgeber: Jerome Planas
Herstellung und Verlag:
BoD - Books on Demand, Norderstedt
ISBN: 9783749469147

Für Tina, meine Frau

Inhalt

Vorwort 9

Meine Eltern oder „Wer seinen Sohn liebt,
der züchtigt ihn" 11

Räba und Hafaloab 25

Als die Fleischvögel fliegen lernten 43

Badespaß und Hygiene 49

Mein Vater, der Zöllner 51

Ein schrecklicher Unfall 59

Die Müllkippe oder Wie wir das Recycling
entdeckten 63

Winter am See - Der Schlittschuhläufer 70

Holzfäller und Floßbauer 77

Mein Bruder und sein Tomahawk 81

Die Feuerleiter 86

Der Harder Fenstersturz 90

Spiele und Spielzeug 94

Wir lassen einen Drachen steigen 97

Meine Großmutter „Äla" 105

Der Ferialpraktikant 108

Rinaldos Unfall 119

„Blöckla" oder Stammhüpfen 126

Meine Schulzeit - Abenteuer auf dem
Schulweg 129
Das erste Schuljahr 136
Der „Tatzen-Lehrer" 139
Das erste Mal Fernsehen 144
Das verkappte Zeichentalent 146
Die Schönheitsoperation 149
Moosbrugger Monty und der
Gondelkorso 163
Die tote Sau 170
Das Krottenloch 176
Liebe am Nachmittag 179
Der Kuss 183
Sie nannten mich „Bibele" 187
Die Maden im Speck 194
Hochwasser 197
Hans, der Glaser 199
Torfmull vom Rohrspitz oder
„Die Beinahehavarie" 202
Holzaktion am See - „Holza" 210
Mein Bruder, der Diskuswerfer 213
Der Hasenbraten 221
Cavia Porcellus - Das gemeine Meerschwein 226
Kraut und Rüben 230
In der Metzgerei 236
Trivia 241
Über den Autor 245

Vorwort

Kürzlich war mein alter Schulfreund Gerhard mit seiner Frau bei uns zu Besuch. Wir hatten einen unterhaltsamen und recht gemütlichen Abend. Gerhard schreibt Bücher und meinte, ich sollte mich, gerade einmal siebzig Jahre alt geworden und im achten Lebensjahrzehnt angekommen, doch auch damit versuchen. Er meinte noch, wenn ich die mir angeborene Faulheit überwinden würde, könnte das auch mir gelingen. Zwei Geschichtensammlungen sind es schließlich geworden. Für diesen freundschaftlichen „Schubser" bin ich ihm heute dankbar.

Danken möchte ich auch meiner Frau Tina, unserer Freundin Sigrid und meinem Sohn Jérôme. Tina und Sigrid haben sich ans Korrekturlesen gewagt und Jérôme als Spezialist für alles Digitale hat mich immer und ohne Murren in allen technischen Belangen unterstützt.

Mein Dank gilt auch Helmut mit dem ich so wie mit Gerhard vor mehr als einem halben Jahrhundert die Schulbank gedrückt habe. Helmut hat meine beiden Manuskripte redigiert und mit seiner Meinung nicht hinterm Berg gehalten.

Vor allem möchte ich mich natürlich bei meinem Lieblingsonkel Arnold bedanken. Er hat sein neunzigstes Lebensjahr bereits hinter sich gelassen und sich ebenfalls der Mühe unterzogen, meine Manuskripte zu lesen. Für ihn war es vielleicht ein bisschen unterhaltsamer, weil er in einem der beiden Büchlein neben meinem Großvater eine Hauptrolle spielt.

Bregenz, Jänner 2018

Meine Eltern oder „Wer seinen Sohn liebt, der züchtigt ihn!"

Mein etwa zweieinhalb Jahre jüngerer Bruder Rinaldo und ich hatten eine unbeschwerte Kindheit. Wenn ich daran zurückdenke, habe ich nur schöne Erinnerungen. Die gleichermaßen fürsorgliche wie auch strenge und autoritäre Erziehung durch unseren Vater haben bei mir, zum Unterschied von meinem kleinen Bruder, keine zum Nachteil gereichende, seelische Spuren hinterlassen, die mich auf Dauer belastet hätten. Vater, Jahrgang 1918, war Katholik und bald nach seiner Rückkehr aus dem Krieg aus der Kirche ausgetreten.

Ich habe ihn nie nach dem Grund dafür gefragt, aber er konvertierte kurz nachdem ich als neuer, frisch gebackener Erdenbürger das Licht der Welt erblickt hatte, zu den Zeugen Jehovas. Danach begann er sich, vermutlich auf der Suche nach dem Sinn des Lebens, ernsthaft und über viele Jahre im Kreis seiner Glaubensbrüder mit der Bibel zu beschäftigen. Dazu hat er auch mich ermuntert und ich tat dies mit großer Freude, sobald ich mit dem Lesenlernen begonnen hatte. Ich weiß noch sehr gut, wie schwer ich mir mit der ungewohnten Ausdrucksform im Alten und

11

Neuen Testament getan habe.

Vater praktizierte seinen neuen Glauben kompromisslos. Als überzeugter Mitbruder missionierte er fleißig und nahm regelmäßig an den sonntäglichen Versammlungen im sogenannten „Königreichssaal" teil. Die Zeugen Jehovas waren damals der Meinung, dass die Frau dem Manne untertan sei. Ich habe keine Ahnung, ob das auch heute noch der Fall ist, aber Vater ließ sich, soweit ich das mitbekommen habe, schnell davon überzeugen, dass diese „Ordnung" ihre Berechtigung habe und gute Gründe dafür sprächen, sie auch innerhalb der eigenen Familie durchzusetzen. Und so kam es dann auch. Mutter musste ebenfalls aus der Kirche austreten und durfte fortan keine Weihnachten, keinen Nikolaus, keine Ostern und keine Geburtstage mehr feiern. Nichts anderes hatte sie aber am katholischen Glauben bis dato wirklich interessiert und genau das wurde ihr nun verwehrt. Sie hat zeitlebens darunter gelitten.

Vaters eigene Kindheit, seine Kriegserlebnisse und auch das intensive Studium der Bibel, vor allem jenes des Alten Testaments, waren wahrscheinlich auch mit verantwortlich für sein Verständnis von Kindererziehung. Vater meinte wohl, dass es zu einer pädagogisch wertvollen Erziehung gehöre, wenn er ein bis zweimal pro Jahr zum Rohrstock aus Rattan greife, und zwar immer dann, wenn sich eine seiner Meinung nach ausreichend große Zahl an Straftaten

angesammelt hatte. Dieser Stock lag immer griff-
bereit für uns unerreichbar hoch oben auf dem Küchenkasten. Von diesem Stock konnten wir jahraus,
jahrein ein etwa zehn Zentimeter langes Stück sehen,
das warnend vom Küchenkasten herunter lugte. Daran erinnere ich mich auch heute noch ganz genau
und ich sehe das Stückchen vom Rattanstock immer
noch vor mir.

Sobald Vater der Meinung war, unser beider
Maß sei wieder einmal voll und das Fass drohe
überzulaufen, ist er mit diesem Stock in der Hand
über uns Buben zu Gericht gesessen und das im
wahrsten Sinn des Wortes. Wenn es wieder einmal
so weit gewesen ist, nahm er auf dem Kanapee Platz,
befahl uns zu sich und gleich drauf standen wir beide,
Unheil schwanend und mit weichen Knien vor ihm.

Am Beginn des Verfahrens zählte er die seiner
Meinung nach zu bestrafenden Taten auf, derer sich
wir Buben schuldig gemacht hatten. Dabei vergewis-
serte er sich durch eingehende Befragung ganz peni-
bel, ob seine beiden Söhne sich ihrer im vergangenen
Halbjahr begangenen Straftaten auch bewusst seien.
Um die bevorstehende Bestrafung möglichst rasch
hinter uns zu bringen, bejahten wir Kinder natürlich
regelmäßig wie aus der Pistole geschossen.

Was danach kam, muss bei uns beiden Brüdern
recht unterschiedliche Auswirkungen auf die weitere
Entwicklung unserer Beziehung zu Vater gehabt ha-

ben, wenn ich an die viele Jahre später eindrücklich erlebten Reaktionen meines Bruders Rinaldo zurückdenke. Eigenartigerweise kann ich mich nicht mehr daran erinnern, ob Vater sich mit meinem Bruder ebenso intensiv beschäftigt hat wie mit mir. Wenn ich heute an unsere Kindheit zurückdenke, kommt es mir eher so vor, als hätte er meinem Bruder nicht die gleiche Aufmerksamkeit zuteilwerden lassen. Ich kann mich zwar noch recht gut daran erinnern, dass ich mit meinen Eltern ein paarmal meinen kleinen Bruder besucht habe, als er noch im Vorschulalter, mehrere Wochen oder gar Monate, das weiß ich nicht mehr genau, in der Lungenheilanstalt am Viktorsberg wegen Tuberkulose behandelt worden ist. Kann durchaus sein, dass er diesen Aufenthalt weit weg von zu Hause als eine Form des Weglegens empfunden hat. Schließlich war Viktorsberg von Hard eine halbe Weltreise entfernt. Mir kam es jedenfalls so vor, wenn wir mit Bus und Bahn hinaufgefahren sind. Ich weiß noch gut, dass mir das Abschiednehmen von meinem kleinen Bruder immer sehr schwergefallen ist, wenn wir nach der Besuchszeit wieder nach Hause gefahren sind und er uns zum Abschied gewunken hat.

Zumindest bin ich mir sicher, dass Vater sehr darauf bedacht gewesen ist, uns beide gleich zu behandeln, aber es könnte sein, dass er wahrscheinlich unbewusst zu wenig auf meinen Bruder eingegangen ist. Das scheint mir überhaupt ein generelles Problem von Eltern zu sein, die alle ihre Kinder zwar gleichbehandeln wollen, dabei aber übersehen, dass keines ihrer Kinder gleich gestrickt ist und jedes mit der Bewältigung von Druck und Stress unterschiedlich umgeht.

Weil Vater die drei Gewalten Gesetzgebung, Rechtsprechung und Vollzug in seiner Person vereinigte, folgte nach der von uns Kindern „freiwillig" zum Ausdruck gebrachten Einsicht auf jeden Fall immer, was denn kommen musste: Vater, in seiner Eigenschaft als Gesetzgeber, Richter und Exekutivbeamter verhaute uns Delinquenten nach Verkündung des Strafausmaßes den nackten Hintern mit seinem Rohrstock.

Fairerweise sei hier festgehalten, dass diese Züchtigung in der Regel stets unter Berücksichtigung der Schwere der begangenen Straftaten geschah. Ich habe jedenfalls in meinem Vater deshalb keinen Schläger oder Gewalttäter gesehen. Vater schlug auch nie mit der bloßen Hand zu und hätte uns auch auf keinen Fall eine zu damaligen Zeiten durchaus als salonfähig geltende Ohrfeige gegeben. In den vierziger und Fünfzigerjahren des vorigen Jahrhunderts war diese Art von Bestrafung als mehr oder weniger wirksame Erziehungsmethode immer noch gang und gäbe. Das war nichts Außergewöhnliches, zumal dieses Prinzip ja auch in der Schule gegolten hat. Dort hat in meiner Kindheit immer noch eine Erziehungspraxis gegolten, die durch eine Zucht- und Prügelpädagogik bestimmt gewesen ist, die häufig von elterlichen Strafaktionen ergänzt wurde. Das weiß ich von einigen Klassenkameraden. Man wollte damit ein einförmiges, gehorsames und störungsfreies Wohlverhalten der Kinder erreichen. Jede Abweichung davon ist hart bestraft worden.

Ganz so streng war unsere Erziehung nicht, aber mit dem Rohrstock machten wir während unserer Kindheit doch ein paar Mal Bekanntschaft. Diese paar Male waren allerdings so eindrucksvoll und schmerzhaft, dass sie bis heute tief in meinem Gedächtnis eingebrannt sind.

Woran ich mich auch noch ganz genau erinnern kann, ist, dass Mutter sich, wenn es wieder einmal so weit gewesen ist, während der Dauer des Verfahrens ebenfalls in der als Gerichtssaal dienenden Küche aufgehalten hatte. Sie war während des ganzen "Prozesses" anwesend, auch wenn man ihr ansehen konnte, dass sie keine Freude an diesem Ereignis hatte. Meines Wissens hat sie aber nie einen Versuch gemacht, diese Exekutionen zu vereiteln oder im bevorstehenden Verfahren etwa die Rolle der Verteidigung zu übernehmen. Für Mutter war prinzipiell klar und ganz selbstverständlich, dass sie alles, was Vater für richtig und notwendig ansah, auch gutzuheißen hatte. Dieses Prinzip schien für unsere Eltern die Grundlage ihrer ehelichen Beziehung zu sein und daran hat sie sich denn auch bis zu seinem Tod gehalten.

Vater war ein bibelfester und ein von allen geachteter Mann. Er hatte zwar ein gewisses Maß an Humor, war aber eher ein ernster und autoritärer Mensch. Manchmal konnte er auch laut lachen. Ich höre ihn heute noch als gefestigten und selbstsicheren Pädagogen, auch wenn er gar nicht danach gefragt worden war, im Brustton der Überzeugung sagen: „Wer seinen Sohn liebt, der züchtigt ihn!"

Viele Jahre später, ich wohnte schon lange nicht mehr zu Hause bei meinen Eltern, beglückwünschte mich ein Arbeitskollege meines Vaters einmal, indem er meinte, es gebe nicht viele Väter, die ihre Söhne zu so strengem Gehorsam erzögen wie unserer. Er meinte auch noch, dass es gut wäre, wenn die Erziehungsmethoden meines Vaters einer größeren Kinderschar zugutekommen würden, weil nur so der schon überall deutlich erkennbare und immer rasanter fortschreitende Verfall der Sitten vermieden werden könne. Dann fügte er noch bewundernd an, dass ihm mein Vater einmal stolz erzählt habe, er pfeife seinen Söhnen nur einmal, wenn er sie zu sich rufe. Das kann ich nur bestätigen! Ich habe seinen energischen Pfiff bis heute immer noch in den Ohren.

Gerade weil ich selbst nichts von derartigen Erziehungsmethoden halte, mag es eigenartig erscheinen, dass ich trotz allem auch heute noch davon überzeugt bin, dass mein Bruder und ich im Grunde genommen einen sehr guten Vater gehabt haben. In meinen Augen war Vater ein Gerechtigkeitsfanatiker, der stets bemüht gewesen ist, uns Vorbild zu sein und die damit verbundene Haltung vorzuleben. Mir gab er auf jeden Fall das Gefühl, uns eine schöne Kindheit ermöglichen zu wollen.

Ein kleines Beispiel, das Vaters Sinn für Gerechtigkeit verdeutlicht, ist das folgende:

Wenn mein Bruder und ich etwas Essbares zu teilen hatten, von dem Vater wusste, dass wir beide gleichermaßen scharf darauf waren, warf er eine Münze und wir durften uns davor für Kopf oder Zahl entscheiden. Beim Objekt unserer Begierde konnte es sich um ein Stück Torte, eine Zimtschnecke, einen Nussgipfel, ein Salzstangerl, einen Krapfen oder was auch immer handeln: Nur mit dem Messer teilbar musste es sein. Das Los entschied also darüber, wer von uns beiden das Messer fürs Teilen in die Hand nehmen musste und wer aus beiden Teilstücken auswählen durfte. Sobald die Entscheidung gefallen war, haben sich zwei Augenpaare wie von selbst auf maximale Sehschärfe eingestellt. Es liegt auf der Hand, dass man sich lieber fürs Auswählen entschieden hat und jeder nur allzu gerne auf die mit der Ausübung von Macht verbundene Möglichkeit des Teilens verzichtet hätte!

Vater war zwar manchmal sehr aufbrausend, aber ich habe ihn nie angeheitert oder gar betrunken gesehen. Er war handwerklich sehr geschickt und nahm sich viel Zeit für uns. Wir durften bei jeder Gelegenheit mit ihm im Ruderboot zum Baden auf den See hinaus fahren. Er lehrte uns das Fischen vom Boot aus und zeigte uns, wie wir mit Angelleine und Köder umzugehen hatten. Von ihm habe ich gelernt, wie ich einen Angelhaken mit einem Schenkel ohne Öse, nur mit einem flachen Plättchen am Ende so an der Angelleine festmachen konnte, dass er gehalten hat. Er brachte uns die wichtigsten Knoten bei und wir lernten von ihm, wie eine Ankerleine aufgeschossen werden musste, damit sie jederzeit und ohne eine Wuling zu bilden, wieder sauber ausrauschen konnte. Er brachte uns auch bei, wie man Fische ausnimmt und essfertig zubereitet, oder wie man sie filetiert. Wir lernten auch von ihm, woran man erkennen konnte, ob das gesuchte Schwemmholz von seinem Zustand her zum Heizen taugte oder nicht.

Zur damaligen Zeit gab es in den Wohnungen im Zollamt noch keine Zentralheizungen. Das Zollamt war das Mehrfamilienhaus, in dem wir gewohnt haben und in dem auch die Wachstube oder Kanzlei der Zollwachebeamten untergebracht war. Auch in ihr ist ein Holzofen gestanden. Jede Familie hatte in der Wohnung zwei oder drei Öfen, in denen man Holz und Kohle verbrennen konnte. Auch wir beheizten unsere Wohnung den ganzen Winter über mit Brennholz aus dem See. Das wurde zersägt, gehackt und unterm Vordach des Schuppens zum Trocknen gestapelt. Weil das Holz nichts kostete und immer genug davon da gewesen ist, mussten wir nicht sparsam damit umgehen und hatten es zu Hause immer angenehm warm. Wir mussten also nie Geld für Kohle oder zugekauftes Brennholz ausgeben.

Trotz Mutters passivem Verhalten beim Strafvollzug durch unseren Vater will ich zu ihrer Ehrenrettung auf keinen Fall unterschlagen, dass sie uns manchmal auch verwöhnt hat. Dann fuhr sie mit uns im Bus nach Bregenz in eine im ganzen Unterland bekannte Eisdiele. Dort durften wir nach Herzenslust Eis schlecken. Das Eis wurde in einer Maschine gemacht, die wie ein einarmiger Bandit ausgesehen hat, und ist dann kunstvoll in einer Tüte aufgefangen worden, die man ebenfalls essen konnte.

Vater war gelernter Bäcker und Konditor und hat Mutter das Kuchenbacken beigebracht. Weil sie das oft und sehr gerne gemacht hat, schwelgten wir jeden Sonntag in Süßem. Ich kann mich nicht daran erinnern, dass es auch nur ein Wochenende ohne Torte, Kuchen, Krapfen oder anderes Gebäck gegeben hätte. Sobald sie mit dem Groben fertig war und die Torte oben und an den Seiten dick mit Creme beschmiert und mit gemahlenen Haselnüssen betupft hatte, war Vater an der Reihe. Seine Aufgabe war es, aus der Torte ein Kunstwerk zu machen. Das tat er mithilfe einer Tüte aus Pergamentpapier, das er geschickt zu einer

Spritze formte, am unteren Ende gekonnt mit der Schere einkerbte und dann je nachdem mit weißer oder gefärbter Creme gefüllt hat. Er machte kleine Röschen mit grünen Blättchen, Pilze, deren Köpfchen er mit Kakaopulver puderte, damit sie schon braun wurden, oder auch kleine Fliegenpilze mit Hütchen aus rot eingefärbter Creme, auf die er dann Hagelzucker streute. Das sah alles so schön aus, dass man wirklich großen Hunger haben musste, um mit der Zerstörung zu beginnen. Irgendwie haben wir uns dann doch immer dazu überreden können und am Montag war nichts mehr da.

Konkurrenzlos war Mutter auf jeden Fall mit ihrem Zwetschgenkuchen. Den hat sie nach dem Rezept ihrer Tante Lina gemacht. Tante Lina hatte dieses Rezept aus dem Elsass mitgebracht. Unübertroffen waren auch die reich verzierten Erdbeertorten, ausschließlich mit Erdbeeren aus unserem Garten gemacht, die während der Erdbeersaison jedes Wochenende auf den Tisch gekommen sind. Vor allem mein Bruder konnte Unmengen von der Erdbeertorte verschlingen, so gut hat sie ihm geschmeckt. Ich weiß noch gut, dass er sich einmal als Geburtstagsgeschenk ganz für sich allein eine Erdbeertorte und eine Flasche „Maresi" gewünscht hat. Beides, die Torte und die Kaffeesahne waren an einem einzigen Nachmittag Geschichte!

Ganz besonders gut fand ich auch ihre Topfentorte, die mir aber am besten geschmeckt hat, wenn sie als einfacher Blechkuchen mit einer schönen braunen Haut auf den Tisch gekommen ist. Auch ihr „Apfelkuchen sehr fein" verdient es, erwähnt zu werden. Damit hätte sie wahrscheinlich jeden Wettstreit gewonnen. Wenn ich daran denke, rinnt mir heute noch das Wasser im Mund zusammen!

Was ich meiner Mutter wirklich hoch anrechne, ist, dass sie aus mir eine richtige Leseratte gemacht hat. Sie bestand darauf, dass ich spätestens mit meinem Eintritt in die Hauptschule eine Mitgliedskarte bei der örtlichen Bücherei bekam. Bücher waren mir seither immer schon sehr wichtig und ich habe sie buchstäblich gefressen. Niemand musste mich zu einem Bücherwurm erziehen, ich bin vermutlich schon als solcher auf die Welt gekommen. Vor allem von Karl May habe ich alles, was zu bekommen war, gelesen, und es waren weit über fünfzig Bände. „Lederstrumpf", „Meuterei auf der Bounty", „Die Schatzinsel", „Robinson Crusoe", die „Hornblower Trilogie" von C. S. Forester, alles, was mit Seefahrt zu tun hatte und was ich darüber auftreiben konnte, habe ich gelesen. Auch für Mark Twain und das gesammelte Werk von Wilhelm Busch konnte ich mich immer begeistern. Dutzende Kriminalromane von Edgar Wallace, Kriminalfälle im Zusammenhang mit Schiffshavarien und alles, was ich an Literatur über Justizirrtümer und Gerichtsmedizin auftreiben konnte, habe ich verschlungen. Später sind dann Hunderte von Cowboy-Romanen dazugekommen – meine Mutter hat sie abwertend „Schundromane" genannt – und alle Heftchen von „Jörn Farrow", einem U-Bootkapitän oder „Rolf Torring", einem Abenteurer, der sich im Dschungel jedes Erdteiles mindestens so gut ausgekannt hat wie mein Vater in seiner Werkstatt, im Garten und auf dem See. Und ganz klar, natürlich alle verfügbaren Comics, die wir so oft wie möglich getauscht haben, in der Hoffnung, dass ja keine Seite fehlen möge. Lesen war immer schon eine große Leidenschaft und das ist bis heute so geblieben.

Die Grundhaltung meiner Mutter, Vater eine gute und möglichst unkomplizierte, oft in vorauseilendem Gehorsam handelnde Ehefrau sein zu wollen, war nicht nur von Nachteil. So manches sich am Horizont abzeichnende Sturmtief begann sich für uns Lausbuben vor allem deshalb oft früher als befürchtet aufzulösen und endete schließlich in einer leichten Brise.

Mutter wusste genau, dass Vater großen Wert darauf legte und Freude daran hatte, wenn sie möglichst so kochte, wie er es von seiner eigenen Mutter Äla, meiner Großmutter aus Fußach, kannte. Das ging so weit, dass es ihr nicht zu umständlich war, mit dem Fahrrad nach Fußach zu ihrer Schwiegermutter zu fahren, um von ihr zu erfahren, wie das eine oder andere Gericht zubereitet und abgeschmeckt werden sollte.

Telefon hat es damals nur in wenigen Haushalten gegeben und weder wir noch Äla hatten eines. Den erforderlichen Erfahrungsaustausch per Briefpost oder Telegramm zu erledigen wäre auf jeden Fall sehr umständlich gewesen und es hätte neben der unzumutbaren Vorausplanun auch viel zu lange gedauert, bis das per schriftlicher Anweisung zuzubereitende Essen auf den Tisch gekommen wäre. Mit dem Fahrrad ist das schneller gegangen.

Die von Mutter gewählte Strategie und die damit verfolgte Absicht lag auf der Hand: Sie konnte sich bei Äla und Vater lieb Kind machen, ganz nebenbei frische Luft schnappen, etwas Vernünftiges lernen und Interesse am ohnehin Unvermeidlichen – sprich am Kochen – zeigen. Es schien ihr auch recht bald klar geworden zu sein, dass Liebe vor allem durch den Magen geht. Äla wiederum – wie hätte es anders sein können – fühlte sich geschmeichelt und war in diesen Dingen deshalb immer sofort und auf der Stelle kooperativ. Konnte sie doch auf diese Weise ihren Lieblingssohn indirekt verwöhnen helfen!

Räba und Hafalòab

Ein ganz besonders erwähnenswertes Ergebnis dieser Anstrengungen ist ein von Äla eigentlich nur in der kalten Jahreszeit zubereitetes Gericht, das mir so gut geschmeckt hat, dass ich es auch heute noch gerne zubereite und für uns und unsere Gäste nachkoche.

Die Rede ist von „Räba und Hafaloab", als Beilage zu Krustenbraten vom Schwein mit Rippchen – ebenfalls vom Schwein – und das Ganze gedacht für zehn bis zwölf Hungrige. Dieses Gericht wird aus einfachen Zutaten und ohne jeden Firlefanz gemacht. Zum „Hafaloab" möchte ich in aller Bescheidenheit bemerken, dass keine der mir bekannten Variationen – und es gibt im Vorarlberger Unterland davon viele verschiedene Macharten – auch nur im Entferntesten so gut schmeckt wie die von meiner Großmutter Äla geerbte, weil diese vermutlich gerade wegen ihrer Einfachheit die beste von allen ist!

Als Hafaloab bezeichnet man einen Kloß, der wie ein großes Grießnockerl aussieht. Im fertigen Zustand ist er oval etwa acht bis zehn Zentimeter lang und fünf bis sechs Zentimeter dick. Von mir aus auch etwas kleiner, darauf kommt es nicht an.

Gemacht wird der Hafaloab, indem man in einem großen Weidling - wir kochen für zehn bis zwölf Personen - je eine nicht zu kleine Tasse glattes Weizenmehl und Weizengrieß mit zwei gleich großen Tassen Maisgrieß unter Zugabe einer kräftigen Prise Salz gründlich vermischt. Die Hälfte der fertigen Teigmischung besteht also aus Maisgrieß. Abhängig davon, ob man sogenanntes Riebelgrieß, also weißes oder gelbes Maisgrieß verwendet, bekommt der Hafaloab seine Farbe. Ich nehme immer weißes, damit ich keine gelben Klöße bekomme. Nachdem alles gründlich vermischt ist, gibt man bei dieser Menge je nach Gusto ein knappes Achtel Butter oder ein kleines Achtel Olivenöl dazu. Verfechter einer schlanken Figur können sich an dieser Stelle auch ein wenig zurückhalten.

Nun wird mit schon vorbereitetem, kochend heißem Wasser nach und nach angegossen und – aufgepasst: Es braucht unerwartet viel davon. Vorsorglicherweise sollten auf jeden Fall etwa zwei Liter parat sein, und zwar kochend heißes Wasser! Ein großes Malheur wäre es aber, wenn zu viel Wasser angegossen würde, weil sich der Kloß dann – selbst wenn es gelänge, ihn einigermaßen in Form zu bringen – in seine Bestandteile auflöste, sobald er dem siedenden Wasser übergeben worden wäre.

Vielleicht sollte man sich – als vorsichtiger Koch – doch lieber die Zeit nehmen und es an dieser Stelle mit einem Probekloß versuchen. Falls der Teig zu

weich geworden ist, weil man beim Zugeben von heißem Wasser doch etwas zu großzügig war, könnte
man unter Umständen die Sache durch Zugabe von
ein, zwei Löffeln Weizengrieß zu retten versuchen,
indem man dieses unter die Masse mischt, gut um-
rührt und eine Zeit lang nachquellen lässt. Ich war
noch nie gezwungen, das auszuprobieren, aber ich
denke, dass ein solcher Rettungsversuch durchaus er-
folgversprechend sein könnte.

Während des Angießens wird die sehr heiß wer-
dende Masse mit einem großen Vorlegelöffel umgerührt. Der Löffel kann später zusammen mit einem
zweiten zum Formen der Klöße verwendet werden.
So macht man sich die Hände nicht schmutzig. Nun
wird so lange heißes Wasser zugegossen, bis ein mat-
schiger, sehr weicher Teig entstanden ist. Die richtige
Konsistenz hat der Teig dann, wenn er so weich ist,
dass er kaum mit den Händen geformt werden könnte. Außerdem ist er in diesem Zustand ohnehin extrem heiß. Deshalb verwende ich zwei Vorlegelöffel,
von denen ich einen schon zum Rühren des Teiges
gebraucht habe. Solche Löffel sind zum Formen von
großen Nockerln sehr gut geeignet.

Von Vorteil ist es, wenn man früh genug daran
gedacht hat, in einem tiefen und breiten Topf unter
Zugabe einer kräftigen Prise Salz, Wasser zum Wallen
oder lieber doch nur zum Simmern zu bringen. Es
darf auf keinen Fall kochen! Wenn es das Küchenin-

27

ventar ermöglicht, kann man für die in unserem Fall vorgeschlagene Menge gleich zwei Töpfe aufstellen, damit der ganze Teig auf einmal verarbeitet werden kann. Die Menge reicht schließlich für zehn bis zwölf Personen! Sollte es ohnehin schon so weit sein, kann man jetzt mit dem Formen des ersten Hafalòabs beginnen. Man nimmt die beiden Vorlegelöffel in seine Hände und taucht sie – nicht die Hände – in kaltes Wasser. Das sollte man immer machen, bevor man den nächsten Kloß aus der Teigmasse zu stechen beabsichtigt. Er löst sich dann leichter vom Löffel, sobald dieser mit dem heißen Wasser im vorbereiteten Topf Bekanntschaft gemacht hat. Jetzt sticht man also mit einem der beiden Löffel eine entsprechend große Menge Teig aus der Masse und formt unter Zuhilfenahme des zweiten Löffels einen Kloß.

Wer schon mal einem Fernsehkoch bei der Produktion von Grießnockerln zugeschaut hat, weiß, wie das geht. Nur die ganz großen Köche nehmen dazu ihre bloßen Hände, weil das mehr Eindruck macht und große Kochkunst, gepaart mit viel Fachwissen und Liebe zum Detail signalisiert. Spätestens nach dem zwanzigsten Mal klappt das auch bei jedem Hobbykoch.

Sobald man also auf einem der beiden Löffel einen Kloß liegen hat, dessen Anblick wirklich Grund zur Freude gibt, kann man ihn vorsichtig ins heiße Wasser setzen, das nicht mehr kocht, aber hoffentlich immer noch vor sich hin simmert. Man versucht ihn nun vorsichtig und unter leichtem Rütteln vom Löffel zu lösen. Dieses Prozedere wird solange wiederholt, bis alle Klöße im Topf Platz gefunden haben, ohne sich ins Gehege zu kommen. Klöße haben nämlich noch nie Freude daran gehabt, zusammengepfercht wie Sardinen in einer Dose vor sich hin sieden müssen. Nun lässt man die Klöße etwa zwanzig Minuten ziehen, es darf auch ein bisschen länger sein, das ist nicht so heikel. Wichtig ist, dass das Wasser nur simmert. Es sollte nicht mehr wallen.

In dieser Phase kochen die Klöße ein bisschen ab, will heißen, sie verlieren an der Oberfläche etwas Grieß, das sich am Boden des Topfes sammelt. Das ist durchaus in Ordnung und kein Fehler. Sobald die Kochzeit abgelaufen ist, bewegt man mit dem Vorlegelöffel die frei schwimmenden Klöße ganz vorsichtig etwas hin und her, um dem einen oder anderen „Schläfer" am Boden des Topfes beim Auftauchen behilflich zu sein. Auch ein kleiner Seitenhieb ist in dieser Phase manchmal vonnöten. Man spürt sofort, ob die Klöße eine schöne Festigkeit haben. Sobald man den ersten Kloß auf einem Teller liegen hat, macht man die sogenannte „Gabelprobe".

Die Gabelprobe ist eine Erfindung von mir. Mit ihr wird geprüft, ob die Klöße gelungen sind und ihre höchste Perfektionsstufe erreicht haben. Zur Erklärung Folgendes: Man nehme eine Gabel in die

Hand, steche sie vorsichtig in die Mitte parallel zur Längsachse des Kloßes, halte diesen fest, ohne sich die Finger zu verbrennen, und drehe die Gabel am Griff ansatzweise um ihre eigene Achse. Wenn der Kloß nun dem auf ihn einwirkenden sanften Druck dergestalt nachgibt, dass er ohne weitere Kollateralschäden in zwei, höchstens drei Teile auseinanderbricht, ist das Werk geglückt.

Nun schöpft man einen nach dem anderen der seidig glänzenden Klöße in eine bereitgestellte, ausreichend große Schale. Auch jetzt tut man gut daran zu berücksichtigen, dass es die frischen Klöße gar nicht gern haben, unter Schichten von Kollegen zu liegen und brutal zusammengedrückt zu werden! In der Schale warten sie dann genussfertig und schon ganz ungeduldig darauf serviert und anschließend mit reichlich Soße verspeist zu werden.

Zu Hafaloab werden Räba gereicht, wie schon der Name des Rezeptes – „Räba und Hafalòab" – vermuten lässt. Räba sind nichts anderes als stäbchenförmig klein geschnittene Steck- oder Herbstrüben, die durch Vergärung und die anschließende Fermentierung sauer geworden sind. Dieses Sauergemüse kennt man außer in Österreich auch noch im Elsass und in Teilen Süddeutschlands sowie in Slowenien und in der Ostschweiz.

Vater hat Räba schon in meiner Kindheit jeden Spätherbst kleingehobelt und dieses Wintergemüse

in einem Steinguttopf unter Zugabe von Salz eingemacht, damit es sauer werden konnte. Mutter musste den ganzen Winter über nur mit einer Schüssel
in der Hand in unseren Keller genannten Schuppen
gehen und aus dem Steinguttopf die benötigte Menge herausnehmen. Heute bekommt man dieses Sauergemüse in jedem Supermarkt, verpackt in Kunst-
stoffsäckchen zu je einem halben Kilogramm mit der
Aufschrift „Saure Rüben".

Wenn man Räba essen möchte, muss man sie
natürlich vorher zubereiten und deshalb möchte ich
mich nicht lange mit weiteren Erklärungen aufhalten.
Schließlich sollen ja zehn bis zwölf Personen davon
satt werden und zum Hafaloab werden sie dringend
gebraucht.

Ich besorge mir zur Speisung der eingangs beschriebenen Gästezahl vier Päckchen. Es könnten
eventuell auch drei reichen. Aus Erfahrung weiß
ich aber, dass das Essen auch dann noch sehr gut
schmeckt, wenn es am nächsten Tag aufgewärmt genossen wird. Wer das nicht möchte, kann davon auch
seinen Gästen mit nach Hause geben oder die Nachbarn fragen, ob sie etwas zu Essen haben möchten.
Man muss ja nicht verraten, dass es vom Vortag ist
und – im Vertrauen gesagt – es schmeckt auch am
Tag danach wirklich vorzüglich!

Zuerst hacke ich also zwei mittelgroße Zwiebeln
oder auch drei kleinere ziemlich fein und gebe davon

zwei bis drei gehäufte Esslöffel in eine kleine Pfanne, die ich auf die Seite stelle. Weshalb und wozu erkläre ich später.

Den Rest schwitze ich in reichlich Schweineschmalz glasig an. Wer keine Lust auf Schweineschmalz hat, kann gerne natürlich auf Kosten des guten Geschmacks auch anderes Fett verwenden. Während die gehackten Zwiebeln in der Pfanne dünsten, schneide ich die Säckchen mit den sauren Rüben auf und schütte den Inhalt zu den angeschwitzten Zwiebeln in den Topf. Die Säckchen wasche ich mit ein wenig Leitungswasser aus und gebe das ebenfalls in den Topf, damit auch nicht der kleinste Rest des von mir bezahlten Inhalts verloren geht.

Nun lasse ich das Ganze ein bis zwei Stunden vor sich hin köcheln und rühre immer wieder einmal um, damit ja nichts anbrennen kann. Sobald ich merke, dass sich diese Gefahr ankündigt, schütte ich etwas Wasser oder, wenn vorhanden, Suppenbrühe nach. Ab und zu kann man ja ein bisschen davon kosten, damit man den Kochvorgang früh genug beendet. Die sauren Rüben dürfen nicht mehr allzu bissfest sein, sollen aber auf keinen Fall als saurer Matsch auf den Tisch kommen.

Von den gehackten Zwiebeln, deren Zeit jetzt gekommen ist, hatte ich eine kleine Pfanne voll zur Seite gestellt. Zu diesen Zwiebeln gebe ich nun ein bis zwei Esslöffel Butter oder meinetwegen auch Butterschmalz. Darin werden die gehackten Zwiebeln nun goldbraun geröstet. Sobald sie diesen Zustand erreicht haben, werden die gerösteten Zwiebeln zusammen mit der geschmolzenen Butter über die fertig gekochten Räba gegossen und gleichmäßig darauf verteilt. Diesen Vorgang nennt man „abschmalzen". Das solcherart erreichte Ergebnis ist schlicht und einfach wunderbar!

Was jetzt noch fehlt, sind Rippchen und Krustenbraten. An dieser Stelle empfehle ich Folgendes: Der Schweinebraten und die Rippchen haben die längste Zubereitungszeit. Bis der Braten und die Rippchen genießbar sind und vertilgt werden können, dauert es etwa drei bis vier Stunden.

Diese Angaben gelten natürlich nur für meine Art zu kochen, weil ich den Braten im Backrohr meines mit Holz gefeuerten Herdes zubereite und die Rippchen währenddessen in einem auf der darüber liegenden Herdplatte stehenden Bräter aus Gusseisen schmoren. Der Bräter lässt sich auf der Herdplatte beliebig hin und her rücken und – je nach Bedarf – an eine mehr oder weniger heiße Stelle schieben. Es steht ja die ganze Herdplatte zur Verfügung und das Feuer an ihrer Unterseite ist nicht überall gleich heiß.

Mein Herd, mit dem wir den ganzen Winter über auch unsere Wohnung heizen, ist der wohl wichtigste Einrichtungsgegenstand in unserer Wohnung. Er verbindet mich wie eine Brücke mit meiner Kindheit.

Herde dieser Art entwickeln keine extreme Hitze. Man steuert die Temperatur nicht per Schalter, sondern dadurch, dass mehr oder weniger Holz nachgelegt und verbrannt wird. Das Kochen dauert natürlich ein bisschen länger, aber das Fleisch wird schonender gegart und hat mehr Zeit, seinen Geschmack entfalten zu können. Vielleicht bilde ich mir das alles auch nur ein, aber so kenne ich es von meinen beiden Großmüttern. Die hatten eben Gott sei Dank noch keinen Elektroherd!

Es versteht sich von selbst, dass es Sinn macht, zuerst mit dem Schweinebraten und den Rippchen zu beginnen und erst, wenn das auf Schiene ist, sich um die Räba zu kümmern. Hafaloab kommt ohnehin als letztes dran, weil der direkt aus dem siedenden Wasser auf die Teller angerichtet wird. Dann glänzt er schön seidig und die ersten Exemplare sind noch nicht angetrocknet. Aber auch an denen, die übrig bleiben und oft erst am Tag darauf verzehrt werden, gibt es deswegen nichts auszusetzen. Man kann sie ein paar Minuten vor dem Servieren in heißes Wasser legen, damit sie wieder wie frisch zubereitet aussehen.

Für die Rippchen mit Soße hole ich mir von einem Metzger oder Bauern zwei bis drei Kilo Schweinerippchen, die möglichst viel Fleisch auf den Rippen haben. Sie kommen beim Schwein von einer Stelle, die zwischen Rippen und Bauch liegt. Das sind zwar keine klassischen Spareribs, sehen aber ähnlich aus und die meisten Leute können sich eher etwas vorstellen, wenn man von Spareribs spricht.

In Deutschland kennt man sie auch als „Leiterchen", weil zehn bis zwölf Rippchen aneinandergereiht sind. Der Bauer, von dem ich das Fleisch beziehe, muss nicht unbedingt Biobauer sein, aber ich kaufe nur Fleisch von Schweinen, die ein schönes Leben hatten und möglichst gut gehalten worden sind, auf Stroh schlafen konnten und genug Platz und Auslauf gehabt haben. Wenn sie so leben durften wie die Schweinchen, die ich bei meiner Großmutter kennengelernt habe, bin ich schon zufrieden.

Die leiterförmig angeordneten Rippchen schneide ich zwischen den Knochen so durch, dass danach alle einzeln vor mir liegen. Insgesamt ergibt die gekaufte Menge etwa dreißig bis vierzig Stück, also drei bis vier pro Person. Dann schmeiße ich sie in einen Weidling oder ein anderes geeignetes Gefäß entsprechender Größe. Jetzt würze ich sie ausgiebig mit nicht jodiertem Meersalz, Pfeffer aus der Mühle und frisch gemahlenem Knoblauchpulver. Wer Lust hat, kann auch ein bisschen abgeriebene Muskatnuss und ganzen oder gemahlenen Kümmel dazugeben. Ich mache das nicht. Dann mische ich das Ganze gründlich mit den Händen. Ich halte mich damit nicht länger als nötig auf, weil mir bei dieser Arbeit das Wasser im Mund zusammenläuft, sobald ich den herrlichen Geruch in die Nase bekomme. Nun hole ich einen Plastiksack aus der Kiste, in der wir dieses Zeug zu Hause aufbewahren, überprüfe, ob er sauber ist, und stopfe die gewürzten Rippchen in den Sack. Nachdem ich ihn zugeknöpft habe, lege ich ihn über Nacht in den Kühlschrank.

Jetzt mache ich mich an den Braten. Beim Kauf der Rippchen schaue ich mich immer auch gleich nach einem geeigneten Stück Schweinebauch mit Schwarte um. Meistens muss ich nicht lange suchen und lasse mir davon ein zweieinhalb bis drei Kilogramm schweres, gut durchzogenes Stück mit ordentlichem Fettanteil einpacken. Zu Hause angekommen, stelle ich eine große Pfanne auf den Herd, gieße mit etwa einem Zentimeter Wasser auf und bringe dieses zum Kochen. Den Schweinebauch lege ich nun mit der Hautseite ins Wasser. Nach ein paar Minuten ist die Schwarte so weich geworden, dass ich mit meinem scharfen Küchenmesser ein rautenförmiges Muster hineinschneiden kann. Das macht vielleicht auch schon der Metzger, wenn man ihn beim Kauf darum bittet.

Macht man es selbst, tut man gut daran, wenn man darauf achtet, nur die Haut einzuschneiden und nicht zu tief ins Fettgewebe zu geraten. Sonst hat man, wenn der Braten fertig ist, zwar eine schön strukturierte Kruste, aus der aber schon die eine oder andere Raute herausgefallen ist und in der Bratensoße herumschwimmt.

Auch den Schweinebauch würze ich nun auf allen Seiten in der gleichen Manier wie die Rippchen, nur mit dem Unterschied, dass ich jetzt auch ganzen Kümmel dazu gebe und das Fleisch dann noch statt mit Knoblauchpulver mit grob gehacktem Knoblauch einreibe. Auch er kommt jetzt in einen Plastiksack verpackt, über Nacht in den Kühlschrank. Am darauffolgenden Vormittag hole ich die beiden Säcke samt herrlich duftendem Inhalt aus dem Kühlschrank und mache mich ans Kochen.

Für das, was jetzt kommt, tut der Elektroherd gute Dienste, weil man bei der Arbeit in seiner Nähe nicht zum Schwitzen kommt. In eine etwas tiefere Pfanne lege ich so viele der Rippchen hinein, dass ich noch genug Platz habe, um sie gut wenden zu können. Dann brate ich in etwas Schweineschmalz, jedes Rippchen einzeln, rundherum sorgfältig an. Nachdem sie schön braun geworden sind, lege ich sie in den daneben stehenden Bräter. Das dauert seine Zeit. Am Ende ist der Bräter zu etwa zwei Dritteln mit wunderbar duftenden Rippchen gefüllt.

Während der Rippchenbraterei bleibt mehr als genug Zeit, um zwei große Zwiebeln zu schälen und in grobe Stücke zu schneiden. Die schmeiße ich nun in die frei gewordene Bratpfanne und brate sie so lange an, bis sie eine recht dunkle Farbe angenommen haben. Verbrennen sollten sie natürlich dabei nicht. Dann lösche ich das Ganze mit reichlich Wasser oder

Suppenbrühe ab und lasse alles aufkochen, um auf diese Weise auch die letzten Geschmacksspuren von der Pfanne in den Bräter zu bekommen. Nachdem ich noch ein paar halbierte Knoblauchzehen dazu gegeben habe, kommt diese Flüssigkeit nun zu den Rippchen in den Bräter. Sollten die Rippchen nicht zur Gänze bedeckt sein, gieße ich Suppe nach. Dann stelle ich den Bräter auf meinen Herd, in dem schon seit zwei Stunden ein schönes Feuer brennt. Von Zeit zu Zeit habe ich ein Auge drauf, damit ich den Bräter früh genug vom Feuer nehmen kann, bevor es die Rippchen zu heiß bekommen. Sie sollen nur schmoren und auf keinen Fall zu kochen beginnen.

Noch ein Tipp von mir: Wenn man keinen Stress möchte, kann man die Rippchen mit Soße auch schon am Vorabend zubereiten, ohne sie ganz fertig zu garen. Sie müssen am Tag darauf dann nur noch gemütlich fertig schmoren, bis die Gäste eintreffen.

Nun ist der Schweinebauch an der Reihe. Schon beim Öffnen des Plastiksackes steigt mir wieder der unwiderstehliche Duft in die Nase. Ich hole das gute Stück heraus und reinige die Schwarte von Gewürz- und Knoblauchresten, die ich auf das Fleisch der Bauchseite schmiere, damit ja nichts verloren geht.

Jetzt lege ich den Bauch mit der Schwarte nach unten in eine vorbereitete Kasserolle, gieße ein wenig Suppenbrühe dazu und fülle den Raum zwischen Schweinebauch und dem Rand der Kasserolle mit zwei bis drei grob gehackten Zwiebeln und fünf oder sechs Knoblauchzehen. Wer keinen Knoblauch mag, ist selbst schuld. Die Suppenbrühe soll verhindern, dass die schöne Schwarte am Boden der Kasserolle anklebt und die eine oder andere Raute beim Lösen vom Boden herausgerissen wird.

Nun geht der Bauch auf seine vorläufig letzte Reise und wandert ins heiße Backrohr. Dann muss nur noch in regelmäßigen Abständen ein wenig Suppe nachgegossen werden. Die Schwarte sollte man ab und zu vorsichtig mit einer Küchenspachtel vom Boden der Kasserolle lösen. Nach etwa zwei Stunden muss der Bauch umgedreht werden und mit der Schwarte nach oben fertig braten, damit er bis zum Servieren zu einem Krustenbraten werden kann.

Mittlerweile dürften die Rippchen gar geworden sein. Man hat nun genug Zeit, sich um die Soße zu kümmern, da der Bauch fast sich selbst überlassen bleiben kann. Die Rippchen sind gar, sobald sich das Fleisch leicht vom Knochen löst und sich der Knochen herausziehen lässt.

Das, was jetzt kommt, muss nicht unbedingt sein, aber ich mache es nun mal so. Ich nehme mithilfe einer Gabel und eines Löffels vorsichtig alle Rippchen aus dem Bräter und lege sie, befreit von Zwiebelresten, in eine Schüssel. Dann seihe ich die Bratensoße in einen geeigneten Topf und schmecke sie mit frisch geriebener Muskatnuss ab. Manchmal braucht es auch noch ein wenig Salz. Wenn ich die Soße etwas zu dünn finde, binde ich sie vor dem Abschmecken mit ein paar Teelöffeln in Wasser verdünntem Mehl. Achtung: Hier ist Vorsicht geboten! Dann verbinde ich wieder was zusammengehört, und lege die Rippchen zurück in die Soße. Die Rippchen sollten aber heil bleiben und sich nicht schon vom Knochen lösen – das bleibt den Gästen überlassen! Jetzt sollte eigentlich keines der Rippchen mehr zu sehen sein. Ist das der Fall, kann man davon ausgehen, dass wirklich genug Soße für alle Gäste da ist. Es braucht reichlich davon, weil der Hafalòab danach verlangt!

Dann kommt der Krustenbraten an die Reihe. Im Herd befindet sich jetzt kein Feuer mehr, sondern nur noch reichlich Glut. Ich öffne das Backrohr und hole die Kasserolle mit dem gebratenen Schweinebauch heraus. Nun mache ich den Hörtest und fahre mit der Spitze der Fleischgabel über die Schwarte. Wenn ich das von mir erwartete Geräusch höre, weiß ich, dass der Krustenbraten nicht nur schön aussieht, sondern auch sehr gut schmecken wird. Die Kruste hat eine glänzend braune, zum hinteren Ende des Backrohrs hin – wo es heißer ist – vielleicht dunkelbraune Farbe und die rautenförmigen Einschnitte sind etwas aufgegangen. Die Kruste ist schön kross und zerbröselt zwischen den Zähnen. Der Schweinebauch liegt in einer eher hellen Soße, die zum Großteil aus dem abgeschmolzenen Fett besteht, in dem die fast zur Gänze verkochten Zwiebeln zu sehen sind. Hat man beim Schmoren der Rippchen nicht die gewünschte Menge Soße bekommen, was durchaus vorkommt, kann man unter Zugabe von Suppe aus dem in der Kasserolle befindlichen, noch flüssigen Rest des Schweinebratens ebenfalls Soße machen, die man zum „Verlängern" zu den Rippchen dazugeben kann.

Das ist natürlich nur die zweitbeste Lösung. Man verzichtet diesfalls nämlich auf das abgeschmolzene Fett des Schweinebauchs, das für zusätzliche Soße herhalten musste. Wäre es nicht dafür gebraucht worden, hätte man es bis zum nächsten Tag abkühlen und fest werden lassen können, worauf ich als großer Fan immer schon warte. Dann kann man es nämlich an einem der folgenden Tage auf eine oder mehrere Scheiben Schwarzbrot schmieren und als Brotaufstrich genießen. Mit einer Prise Meersalz und etwas Pfeffer aus der Mühle schmeckt das so herrlich, dass es allemal eine Sünde wert ist!

Jetzt nimmt man den Braten aus der Kasserolle und legt ihn auf ein vorbereitetes Schneidbrett. Nun haben alle Gäste die letzte Gelegenheit, einen Blick auf das noch unversehrte Kunstwerk zu werfen und den eigenen Verdauungsapparat unter Zuhilfenahme eines Aperitifs auf das große Fressen vorzubereiten.

Auf jeden Teller kommt nun eine Scheibe Krustenbraten, zwei oder drei Rippchen, ein oder zwei Klöße Hafalòab und daneben zwei oder drei Löffel

Räba. Jetzt wird alles noch mit einem ordentlichen Schöpfer Soße übergossen und dann kann, wenn es die Zeit erlaubt, meinetwegen noch ein Gebet gesprochen werden. Mit den ersten Bissen kehrt fast immer für kurze Zeit Ruhe ein und man hört eine ganze Weile nur noch das altvertraute Geräusch von Besteck auf Porzellan. Nachdem sich die Geschmacksnerven wieder etwas beruhigt haben, wird mit einem Glas kaltem Riesling oder Chardonnay, vielleicht auch mit einem Grünen Veltliner angestoßen. Auch ein Glas frisch gezapfter Most oder ein kühles Bier passen gut dazu. Da bleibt mir nur noch zu sagen: Bon appétit!

Als die Fleischvögel fliegen lernten

Der Vollständigkeit halber möchte ich dem Leser an dieser Stelle eine von meiner Mutter vermutlich als traumatisch empfundene Geschichte nicht vorenthalten.

Wie schon berichtet, hat Mutter alles getan, Vater so zu bekochen, dass er sich im wahrsten Sinne des Wortes wie zu Hause sprich wie bei Muttern fühlen konnte. Vater aß gerne und hat Bodenständiges wirklich sehr genossen. Da Mutters Kochkunst sich immer weiter entwickelte und sie immer erfolgreicher zu werden schien, wurde sie offensichtlich übermütig und begann, sich an eigene Kreationen zu wagen. Dieser Übermut hatte ungeahnte Folgen!

Eines der Lieblingsgerichte meines Vaters waren Rindsrouladen mit Soße und Kartoffelpüree – vulgo „Fleischvögele". Mutter legte sich an einem Sonntagvormittag wieder einmal ins Zeug und machte davon eine ganze Kasserolle voll. Dann tat sie etwas, was sie auf keinen Fall hätte tun sollen: Sie wagte es, die Soße mit reichlich süßem Rahm zu verfeinern! Süßer Rahm hat ihr selbst, so wie auch meinem kleinen Bruder, immer gut geschmeckt und sie nahm gerne bei jeder sich bietenden Gelegenheit einen Schluck davon.

Voller Vorfreude deckte sie den Tisch und bereitete alles für das Mittagessen vor, damit wir, gerade vom „Missionieren" nach Hause gekommen, uns gleich an den Tisch setzen konnten. Nachdem wir in der Küche Platz genommen hatten, lief uns allein des Geruchs wegen gleich das Wasser im Mund zusammen. Das hellgelbe Kartoffelpüree stand verheißungsvoll in einer großen Schüssel vor uns und dampfte vor sich hin. Mutter stand am Herd mit einem Teller in der Hand, in den sie für Vater die ersten beiden Rouladen schöpfte. Nachdem sich auch auf unseren Tellern je ein Fleischvögele niedergelassen hatte, haben wir in großer Vorfreude die noch vorhandenen Freiflächen mit Kartoffelpüree bedeckt. Mutter nahm die Schüssel mit dem restlichen Püree vom Tisch und stellte die Kasserolle mit der Soße an diesen Platz. Vater fuhr als Erster mit der Schöpfkelle in die Soße und schüttete davon reichlich über seine Rinderrouladen mit Püree.

Mutter hatte bereits eine erwartungsvolle Haltung eingenommen oder anders gesagt, saß ungewohnt steif auf ihrem Stuhl und wartete offensichtlich auf die Reaktion meines Vaters. Sie musste auch nicht lange darauf warten, nur ausgefallen ist diese vermutlich total anders, als sie es erwartet hatte. Innerhalb von Sekunden, nachdem Vater von der Soße probiert hatte, stand er auf, nahm seinen Teller in die

Hand und warf ihn samt Inhalt durch das geschlossene Küchenfenster! Noch einmal: durch das geschlossene Küchenfenster! Dann ging er aus der Küche und knallte die Türe hinter sich zu. Wegen des damit einhergehenden lauten Knalls sind wir aber nicht erschrocken. Dieses Geräusch hatten wir schon öfter vernommen, das war nichts Neues und damit waren wir irgendwie vertraut. Seine extrem heftige Reaktion konnte ich mir nur so erklären, dass er von der Mühsal des sonntäglichen Missionierens, obwohl man es ihm nicht ansehen konnte, so genervt gewesen ist, dass er überreagiert hat.

Wir hatten damals in unserer Küche weiß lackierte Sprossenfenster und es war klar, dass der Teller samt Inhalt nicht nach draußen gelangen werde, auch wenn der Zorn noch so groß sein mochte und sogar eine Fensterscheibe dran glauben musste. Aber jeder wird sich die riesengroße Sauerei recht gut vorstellen können! Unter der Fensterbank ist unser Kanapee gestanden. Dieses Kanapee hatte zum Schutz vor uns Kindern einen giftgrünen Überwurf, der es – Gott sei's gedankt – vor größerem Schaden bewahrt hat. Mutter weinte natürlich und räumte den Überwurf mit den Scherben, die sich ganz hinterhältig mit Rouladen, Püree und Soße vermischt hatten, so rasch wie möglich beiseite.

Auch uns war der Appetit gründlich vergangen. Ich erinnere mich noch gut daran, dass Mutter und ich einen oder zwei Tage danach immer noch Rindsrouladen mit Soße zu essen hatten. Sie haben übrigens gar nicht übel geschmeckt und die Soße war durchaus genießbar, auch wenn ich zugeben muss, dass sie mir ohne Rahm besser geschmeckt hätte. Das zerbrochene Küchenfenster hat mein Vater an einem der nächsten Tage fachmännisch repariert, was für ihn kein großes Problem war. In diesen Dingen war er sehr routiniert. Schließlich nannte man ihn den „Glaser". Das kam daher, weil wir beim Ballspielen mindestens ein- bis zweimal pro Monat ein Frühbeetfenster eines Nachbarn zerbrochen haben.

Bevor ich mit dem Rezeptteil meiner Erinnerungen Schluss mache, fällt mir doch noch ein Gericht ein, das seiner Einfachheit wegen auf jeden Fall wert ist, erwähnt zu werden. Auch dieses Rezept stammt aus „Älas" Küche. Ich habe es unter dem Titel „Fussacher Bohnen" aufgeschrieben und es geht so:

Man braucht für vier bis fünf Personen etwa achtzig Dekagramm Tafelspitz oder Hochrücken, ein bis zwei Kilogramm grüne breite Stangenbohnen oder Fisolen, eine oder zwei große Zwiebeln, eine oder zwei Knoblauchzehen, es können auch drei sein, einen halben Liter Wasser, besser wäre Gemüse- oder Rinderbrühe, ein- bis eineinhalb Kilogramm mehlige Kartoffeln, Pfeffer, Salz, Kümmel, Muskatnuss und, wenn nicht gerade ein Haubenkoch zu Gast ist, Maggiwürze oder Sojasoße.

Das Fleisch schneidet man in größere Stücke oder breitere Streifen. In einem großen Topf mit reichlich Schweineschmalz wird es rundherum scharf angebraten und mit Mehl bestäubt. Nachdem es überall Farbe genommen hat, nimmt man es aus dem Topf und stellt es beiseite. Hobbyköche mit einer Abneigung gegen Schweineschmalz können auch anderes Fett verwenden.

Jetzt reduziert man die Hitze etwas, gibt die gehackten Zwiebeln in den Topf und löst damit den Fonds vom Boden. Das macht man solange, bis die Zwiebeln schön Farbe genommen haben. Danach schmeißt man die zerdrückten Knoblauchzehen mit den gewaschenen und gedrittelten Stangenbohnen oder halbierten Fisolen in den Topf und gibt eine Prise Salz und den Kümmel dazu. Nun wird gut umgerührt und nachdem alles vermischt ist, wird mit reichlich Suppenbrühe aufgegossen. Dann setzt man den Deckel drauf und lässt die Bohnen schmoren. Sobald die Bohnen halb gar sind, also noch reichlich Biss haben, gibt man das beiseitegestellte Fleisch dazu und schmeckt alles mit Maggi oder Sojasoße – für Sterneköche, die Maggi verabscheuen – sowie Pfeffer und Muskat ab, wenn nötig, kann man noch ein wenig nachsalzen. Dann lässt man Bohnen und Fleisch mit geschlossenem Deckel weiter schmoren. Nun müssen nur noch die geschälten und halbierten oder geviertelten Kartoffeln in Salzwasser gegart werden.

Sobald das Fleisch schön weich ist und die Bohnen al dente, also noch bissfest gekocht sind, kann das Fleisch zusammen mit den Bohnen in tiefen Tellern serviert werden. Dazu werden die Salzkartoffeln gereicht. Besonders gut schmeckt es, wenn die Salzkartoffeln in den Bohnen mit der Soße zerdrückt werden. Einfach, aber einfach himmlisch!

Badespaß und Hygiene

Hygiene wurde bei uns zu Hause ziemlich groß geschrieben. Wir Kinder mussten jeden Samstagabend baden. Dazu holte Vater den hölzernen Wäschezuber aus der Waschküche neben unserem Keller. Mutter kochte inzwischen in einem großen Topf mehrmals heißes Wasser, das sie nach und nach in den Zuber füllte. Sobald genug Wasser im Zuber gewesen ist, durfte mein kleiner Bruder hineinsteigen und das machen, was er unter Waschen verstanden hat. Nachdem meine Mutter nachgeholfen hatte, kam ich dran. Sobald ich fertig und für rein befunden worden war, mussten wir Buben ins Kinderzimmer zum Spielen gehen. Nun wurde die Küche für einige Zeit abgesperrt. Nachdem die Küche auch für uns wieder geöffnet worden und zugänglich war, roch Mutter den ganzen Abend nach undefinierbarem Zeug und Vater nach 4711.

Ich kann mich noch gut daran erinnern, dass Vater später ein Haarwasser von „Migros" entdeckt und lieb gewonnen hat. Dieses Schweizer Produkt ist in Halbliterflaschen mit einem blauen oder hellgrünen Etikett, das weiß ich nicht mehr so genau, angeboten worden. Er hat es kübelweise auf Kopf und Körper verteilt. Nach einer kosmetischen Behandlung dieser Art konnte man ihn schon riechen, lange bevor man ihn um die Ecke kommen hörte. Nachdem wir dann schon etwas moderner geworden waren und uns den einen oder anderen bescheidenen Luxus leisten konnten, hat Vater den hölzernen Wäschezuber gegen eine etwas größere, verzinkte Blechwanne ausgetauscht. Erst Jahre später, ich war bereits in der Pubertät angekommen, gab es auch bei uns zu Hause ein richtiges Bad mit Wanne und allem, was dazu gehört hat.

Mein Vater, der Zöllner

Vater war von Beruf Zollwachebeamter und damit Staatsangestellter. Während meiner Kindheit hatte er seine Dienststelle in Hard. Ich hatte immer das Gefühl, dass er ziemlich ausgeruht von der Arbeit nach Hause gekommen ist, weil er außerhalb der Dienstzeit stets Beschäftigung suchte und stundenlang unermüdlich vor sich hin gewerkelt hat. Später dann als Erwachsener las ich unter anderem auch über die soziologischen Lehrsätze des Briten C. N. Parkinson. Einer davon lautete sinngemäß: „Arbeit lässt sich dehnen wie Gummi, um die Zeit auszufüllen, die dafür zur Verfügung steht." Das schien mir beim Beruf des Zöllners in den 1950er-Jahren ganz besonders zuzutreffen. Ich hatte nie den Eindruck, dass mein Vater im Dienst einer Arbeit nachzugehen hatte, die so viel Energie verbraucht hätte, dass mehr als eine Handvoll Reis zur Kompensation des erlittenen Kalorienverlustes erforderlich gewesen wäre. Für uns Kinder hatte das den Nachteil, dass er zum Ausgleich, um nicht zu sagen als Nebenerwerb, sogar einen Acker auf einem Feld an der Dammstraße nach Lustenau angelegt hatte, obwohl wir beim Zollamt schon einen Garten hatten!

Ich finde es immer noch schön, dass er nicht unter der Last seines Berufes zu leiden hatte, auch wenn ich mittlerweile weiß, dass das Problem des gemeinen Zöllners nicht etwa darin bestanden hat, seine schwierige und verantwortungsvolle Arbeit zu tun, sondern eher darin die damaligen Führungsstrukturen zu erdulden und aushalten zu müssen.

Vater arbeitete nach Dienstschluss im Garten und baute Gemüse an oder er machte im Schuppen vor dem Keller, wo er seine gut eingerichtete Werkstatt hatte, Möbel für unsere Wohnung. Bis heute ist noch etliches davon erhalten geblieben und steht im Haus meiner Mutter. Auch unsere Fahrräder hat er immer wie ein gelernter Mechaniker instand gesetzt. Manchmal meinte ich, er habe das Zeug zum Magier, wenn er aus drei alten Fahrrädern ohne viel Aufhebens zwei nahezu neue gebastelt hat. Weil er auch Nachtdienst leisten musste – es hätten ja Schmuggler in der Nacht ihr Unwesen treiben können – hatte er am Tag oft dienstfrei. Sobald er ausgeschlafen war, ging es wieder los und er schaufelte und hämmerte wie ein Verrückter.

Ich habe Vater eigentlich immer nur in Uniform gesehen. Er war ja Zollwachebeamter und die ausrangierten Uniformen taugten immer noch als Arbeitskleidung für zu Hause. Mutter musste nur die Dienstabzeichen von den Jacken und die grünen Nähte an den Seiten der langen Hosen entfernen.

Vater hatte als Zöllner natürlich auch eine Pistole, die im Dienst an der Koppel zu tragen war. Manchmal durften wir Buben die ungeladene Waffe in die Hand nehmen, nachdem wir ihm am Küchentisch beim Reinigen zugeschaut hatten und er wieder am Zusammenbauen war. In meiner kleinen Hand sah die Waffe recht bedrohlich aus. Wenn Vater keinen Dienst hatte, schloss er die Waffe immer im Dienstzimmer der Wachstube in den Waffenschrank ein. Die Wachstube war eigentlich auch sein Arbeitsplatz, wenn er nicht gerade auf Streife gewesen ist.

Einmal, es war ein recht kalter Wintertag, nahm mich Vater mit an die Bregenzer Ache. Er war im Dienst und trug über der Uniform einen langen Umhang aus Loden. Der Umhang hatte keine Ärmel, aber an beiden Seiten einen Schlitz für die Hände. Es war eigentlich eine Pelerine, die bis hinunter zu den Waden gereicht hat. Nachdem wir über einen schmalen Weg durch das hohe Schilf am Ufer der Bregenzer Ache angekommen waren, nahm er eine verrostete Konservendose, von denen einige am Boden herumgelegen sind, stellte sie auf einen großen Böschungsstein und legte seinen Umhang ab. Er trat ein paar Schritte zurück und sagte zu mir, ich solle mich hinter ihn stellen und meine Ohren zuhalten. Dann nahm er seine Pistole aus dem Halfter, hielt sie fest in der rechten Hand und hob seinen Arm. Nun streckte er den Arm gerade aus, senkte ihn langsam in Richtung Konservendose, hielt kurz an und drückte ab. Ich hörte einen lauten Knall und erschrak, weiter passierte nichts. Beim zweiten Versuch traf er und die Dose flog in einem weiten Bogen vom Stein herunter. Nachdem ich die Konservendose gefunden hatte, konnte ich das Einschussloch sehen. Das war wirklich sehr aufregend und ich habe Vater richtig bestaunt. Allein das Krachen eines Schusses aus nächster Nähe zu hören, war für mich schon etwas Besonderes und ich hätte nie gedacht, dass es so laut sei.

Wenn es der Dienstplan vorsah und er mit dem Zollboot und einem weiteren Berufskollegen auf Patrouille fahren musste, durfte ich manchmal mitkommen. Das war vielleicht aufregend! Das Zollboot wurde von einem riesigen Dieselmotor angetrieben. Der Motor stand im Maschinenraum, der im Vorschiff eingerichtet war. Um in diesen Raum zu gelangen, musste man vom Steuerhaus aus über zwei oder drei Stufen hinunter steigen. Im Maschinenraum befand sich auch noch eine kleine Werkbank mit einem Schraubstock und in einer Halterung am Boden standen zwei alte olivfarbene Blechkanister. In den Kanistern ist als eiserne Reserve Dieseltreibstoff aufbewahrt worden. Über den Kanistern hing ein öliger Trichter aus Blech. In einer Kiste unter der Werkbank sind verschiedene kleinere und größere Schraubenschlüssel und allerlei Werkzeug gelegen und in der

Bilge konnte man immer ein wenig öliges Wasser sehen. Im Maschinenraum war es ziemlich warm und es hat immer nach Öl gerochen.

Das Zollboot war auf den Namen „Rhein" getauft worden und hatte einen stählernen Rumpf. Es war lang und schlank gebaut und für den Bodensee nicht besonders geeignet. Vater sagte mir, Schiffe dieser Art seien eher für den Einsatz auf Flüssen gedacht, weil dort in der Regel nicht mit hohem Wellengang gerechnet werden müsse. Sobald es auf dem See unruhig geworden ist und der Wellengang zugenommen hatte, musste man gut drauf achten, dass das Boot so gut es ging, mit dem Bug voraus in die Wellen gesteuert wurde. Durch die schlanke Form des Rumpfes und weil der Motorraum mit dem schweren Schiffsdiesel im Vorschiff untergebracht war, stampfte es nämlich kaum und schnitt die Wellen ganz mühelos.

Manchmal gab es auch Sturm und dann passierte es häufig, dass die Wellen über das Vordeck geschwappt sind und mit großer Wucht auf die dicken Fenster des Steuerhauses trafen. Die Scheibenwischer waren dann nicht mehr in der Lage, ihren Dienst zu verrichten.

Trafen die Wellen das Boot von der Seite, begann es recht schnell und bedrohlich zu rollen. Das war ganz unangenehm und man gewöhnte sich nur schwer daran. Die beste Möglichkeit dagegen anzukämpfen war dann, einen Umweg in Kauf zu nehmen und mit dem Kreuzen zu beginnen, damit die Wellen, wenn schon nicht direkt von vorn genommen, aber doch in einem möglichst günstigen Winkel geschnitten werden konnten. Auf diese Weise konnte man am ehesten übermäßiges Rollen vermeiden und das Schaukeln wurde erträglicher. Die Fahrt zurück in den Hafen dauerte dann natürlich etwas länger, weil das Kreuzen einen längeren Weg zur Folge hatte und man verbrannte auch mehr Dieselkraftstoff. Dafür lag das Boot viel ruhiger im Wasser. Alles in allem schien es aber doch ein recht sicheres Boot zu sein, auch wenn es eigentlich für die Donau bestimmt gewesen wäre. Ich glaube, es schwimmt immer noch irgendwo auf dem Bodensee. Vor ein paar Jahren habe ich es jedenfalls noch im Hafen liegen sehen. Die ehemals graue Farbe hatte allerdings einem weißen Anstrich weichen müssen.

Ganz gut kann ich mich auch noch daran erinnern, wie das Boot eingerichtet gewesen ist. Im Steuerhaus fiel einem gleich das große Steuerrad auf. Gleich dahinter war der Kompass in seinem auf Hochglanz polierten Messinggehäuse. Wenn man vom Steuerhaus aus nach achtern ging, kam man über die beiden Stufen in das recht lange und etwa zweieinhalb Meter breite Mittelschiff mit Fenstern an den Außenseiten. Gleich ist einem auf der Steuerbordseite ein kleiner gusseiserner Kanonenofen aufgefallen, dessen schwarz lackiertes Ofenrohr knapp unter dem Dach der Kajüte ins Freie hinaus führte. Der Ofen konnte mit Holz und Kohle geheizt werden.

Gegenüber auf der Backbordseite stand ein kleiner Tisch mit einem schmalen Stuhl. Etwas weiter achtern war an jeder Schiffswand eine Bank mit viel Stauraum darunter eingebaut worden. Die Bänke waren so breit, dass man auch gut hätte darauf schlafen können. Am Ende der Kajüte gab es eine Schiebetür, durch die man in die Plicht des Schiffes gelangen konnte und direkt über dem Heck flatterte an einem Flaggenmast die rot-weiß-rote Nationale mit dem schwarzen Bundesadler im Wind.

Das Leben am See hat uns Kinder sehr geprägt. Fast jeder meiner Spielkameraden konnte schon lange, bevor wir eingeschult worden sind, gut schwimmen und die meisten von uns hatten überhaupt keine Angst davor, kopfüber von den im Hafen über der Straße vertäuten Baggern und Kiesschiffen bei jeder sich bietenden Gelegenheit ins Wasser zu springen. Jene, die sich zu springen wagten, hatten den Vorteil, dass sie beim Fangenspielen nicht so leicht erwischt worden sind, weil sich nicht alle Kinder getraut haben das nachzumachen. Wenn wir auf dem Kieslagerplatz fangen gespielt haben und auf den Sandhaufen herumgeklettert sind, flüchteten wir vor dem Verfolger oft auf ein Kiesschiff und sprangen von dort aus ins Wasser. Das machte vor allem allein schon deshalb Spaß, weil das Betreten des Lagerplatzes, eines Kies-

schiffes oder eines Baggers streng verboten war und
– wie es auf einer Tafel geschrieben stand – die Eltern
für Kinder zu haften hatten.

Ein schrecklicher Unfall

An einem Sonntagmorgen trafen wir uns wieder einmal alle zum Fangenspielen am Hafen auf dem Kieslagerplatz. Alle rannten hin und her, kletterten auf die Sandhaufen oder purzelten im Sand herum. Wir jagten uns gegenseitig und sprangen auf das am Kai vertäute Kiesschiff. Dort angekommen, rannten wir ein paarmal ums Steuerhaus und flüchteten wieder ans Ufer auf einen Sandhaufen.

Irgendwann machten wir dann eine Pause und ein Kumpel aus unserer Runde fragte, ob wir seinen kleinen Bruder gesehen hätten. Er vermisse ihn und glaube nicht, dass er nach Hause gegangen sei, weil die Eltern außer Haus oder irgendwo zu Besuch seien. Uns allen schwante Fürchterliches! Wir wussten zwar, dass der Sechsjährige schwimmen konnte, aber es war uns gleich klar, dass etwas passiert sein musste. Sofort machten wir uns auf die Suche und riefen laut nach ihm, konnten ihn aber nirgends finden. Vielleicht war er ja ins Wasser gefallen und ertrunken, obwohl er so wie wir alle schon recht gut schwimmen konnte. Da alles Suchen vergebens war, rannten wir nach Hause und schlugen Alarm.

Der vom Dorfgendarmen zu Hilfe gerufene Taucher fand den Kleinen dann nach etwa zwei Stunden in der Mitte des Hafenbeckens in etwa sechs Metern Tiefe auf dem Grund liegend. Mittlerweile war auch der Vater des kleinen Buben auf dem Kieslagerplatz eingetroffen. Ich sehe ihn heute noch vor, mir wie er, ohne ein Wort zu sagen, völlig hilflos dagestanden ist. Das war ein trauriger Anblick und der arme Mann tat mir so leid. Für uns war dieses Ereignis ein so großer Schock, dass wir eine ganze Weile nicht mehr auf dem Lagerplatz gespielt haben.

Früher war es Brauch, die Toten in der Leichenkapelle der Kirche aufzubahren. Die Leichenkapelle war öffentlich zugänglich. Unser Schulweg führte direkt an der Kirche vorbei und so warfen wir immer noch schnell einen Blick in die Kapelle, um auf dem Laufenden zu sein. Das haben wir auch bei unserem kleinen, toten Spielkameraden so gemacht. Ich erinnere mich noch genau an dieses Bild. Der kleine Bub lag da, mit geschlossenen Augen unter einer weißen Decke, die kleinen Händchen ineinander verschränkt und am Kinn und an der rechten Schläfe je einen noch gut sichtbaren blassblauen Bluterguss. Ich war mir ganz sicher, dass dieses schreckliche Unglück nur deshalb passieren konnte, weil er beim Versuch, aufs Kiesschiff zu springen, zwischen Schiff und Kaimauer ins Wasser gefallen sein musste.

Die Kiesschiffe wurden mithilfe starker Drahtseile vertäut, die man, unterstützt von einer Winde über hölzerne Dalben zurück auf das Schiff zu den Belegklampen geführt und dort festgemacht hat, damit die Kiesladung gelöscht werden konnte. So hatten wir beim Sprung von der Kaimauer auf ein Schiff immer eine Lücke von einem knappen halben Meter zu überwinden. Der kleine Bub musste, ohne dass es einer von uns bemerkt hätte, beim Springen ausgerutscht und in diese Lücke gefallen sein. Dabei hat er sich wohl mit dem Kopf am Rumpf des Schiffes oder an der Kaimauer gestoßen. Und weil keiner von uns etwas davon mitbekommen hatte, hat mich ganz lange das schlechte Gewissen geplagt. Immer wenn ich daran gedacht habe, dass den ganzen Vormittag über keiner von uns auch nur einmal ein Auge auf ihn gehabt hatte, fühlte ich mich schuldig. Vielleicht hätten wir bei etwas mehr Sorgsamkeit verhindern können, dass dieses Unglück überhaupt passieren konnte!

Dass unser Spielen immer die eine oder andere Blessur zur Folge hatte, ist klar. So war es auch, als ich bei einer der geschilderten Verfolgungsjagden auf ein Kiesschiff geflüchtet war und von dort auf das Dach des Steuerhauses kletterte. Als mir mein Verfolger nachstellte, sprang ich vom Steuerhaus auf den darunter liegenden Motorraum und drückte dabei mit dem rechten Fuß die Scheibe eines kleinen Sprossenfensters ein, durch die Licht in den Motorraum gelangen konnte. Dabei erlitt ich eine tiefe Schnittwunde am Rist, die gleich stark zu bluten anfing. Die Narbe kann man heute noch sehen.

Auf diesem vorhin erwähnten Kies- und Sandlagerplatz stand neben der Trafostation auch die Holzhütte des Betriebsleiters, der dort drin sein Büro hatte. Zwischen der Rückwand der Hütte und der Kaimauer war gerade genug Platz, dass wir mit unseren selbst gebastelten Bambusruten angeln konnten. Wenn wir den Betriebsleiter zuvor um Erlaubnis gefragt haben, hatte er meistens nichts dagegen. Er kannte uns, wusste ja, dass wir alle schon gut schwimmen konnten.

Das Angeln dort war für uns deshalb interessant, weil genau hinter seinem Büro unterhalb der Kaimauer ein Abflussrohr von der nahe gelegenen Metzgerei in den See mündete. Aus diesem Rohr gelangten immer wieder kleinere Fleischabfälle und vor allem auch Blut geschlachteter Tiere in das Wasser des Hafens. Das hat uns aber nie gestört und auch nicht davon abgehalten, darin zu schwimmen. Schließlich sind durch diesen Umstand schöne Barsche und andere Fische angezogen worden, die oft und gerne nach den Würmern auf unserem Haken schnappten, die wir an Bambusruten ins Wasser hingen.

Die Müllkippe oder
Wie wir das Recycling entdeckten

Diese Geschichte liefert den eindeutigen Beweis, dass unser Immunsystem schon in frühester Kindheit alle Hände voll damit zu tun gehabt hat, sich jeden Tag gegen Milliarden von Keimen und Bakterien zur Wehr zu setzen und deshalb immer gut trainiert gewesen ist. Das war auch sehr wichtig, zumal wir in unmittelbarer Nachbarschaft des Kieslagers einen weiteren Abenteuerspielplatz hatten, nämlich eine riesige Müllkippe! Diese Müllkippe war jeden Tag Treffpunkt für alle an den wirklich wichtigen Dingen des Lebens interessierten Kinder, die sich nicht davor gescheut haben, wie Archäologen im Dreck zu wühlen und sich standhaft dagegen wehrten, zu den Besseren zu gehören.

Diese trugen ihre Nase standesgemäß immer ein paar Zentimeter höher als wir. Vor allem hatten sie Angst davor, ihre Kleidung schmutzig zu machen und von den Eltern deswegen geschimpft zu werden. Dieses Problem kannten wir nicht, denn unsere Kleidung war schon immer den Umständen angepasste, von wohlmeinenden Verwandten angeschleppte Secondhand-Ware. Mein kleinerer Bruder sah es deshalb gar nicht ungern, wenn ich ein Kleidungsstück total ruiniert habe, weil er es dann, sobald es mir zu klein geworden war, nicht als dritter oder vierter Nutzer austragen musste.

Es versteht sich von selbst, dass mein Bruder und ich zu denen gehörten, die ihre Eigentumsrechte an diesem Spielplatz behauptet und stets vehement verteidigt haben, weil wir immer nach brauchbaren Dingen suchten. Deshalb haben wir auch mit Argusaugen darauf geachtet, dass uns nie jemand zuvorgekommen ist, wenn frischer Müll abgekippt wurde. Wir wollten bei der Suche nach den verborgenen Schätzen die Ersten sein. Und davon gab es mehr als genug! Begriffe wie „Mülltrennung" und „Recycling" kannte damals noch niemand. Das haben eigentlich wir Kinder erfunden. Es schien damals so, als werde einfach alles weggeworfen, sobald man keine Verwendung mehr dafür hatte und wir kleinen Schatzsucher holten vieles davon wieder hervor. Vater hatte uns neben vielen anderen Spielsachen auch ein ganz stabiles Wägelchen gemacht, um das wir von allen beneidet worden sind. Damit konnten wir nämlich immer viel mehr als die anderen Kinder von der Müllkippe nach Hause schleppen. Diese Sammeltätigkeit löste zwar bei meinen Eltern nicht immer Freude aus, aber manch ein Fund war doch noch brauchbar und das erfüllte uns dann immer mit einem gewissen Stolz.

Eine von uns sehr geschätzte Einnahmequelle waren auch die Berge weggeschmissener Elektrokabel, alter Fahrradfelgen, Töpfe, Pfannen und anderes Küchengerät, alte, eiserne Zahnräder, Blechverkleidungen von kaputten Geräten, gusseiserne Maschinenteile, unbrauchbar gewordene Messinglampen und andere Metalle verschiedenster Art. Das Metall sammelten wir und die Elektrokabel warfen wir in ein eilig errichtetes Lagerfeuer. Altes Holz lag immer mehr als genug herum und Zündhölzer gehörten neben einem Taschenmesser zu unserer Standardausrüstung. Sobald die Isolation der Kabel verbrannt war, kamen die begehrten Kupferdrähte zum Vorschein. Nachdem diese erkaltet waren, luden wir sie zusammen mit dem anderen Metall auf unser Wägelchen. Mit unserer Ladung fuhren zu einem alten Mann, der ein paar Gehminuten von der Müllkippe entfernt war und unweit vom See ein großes Altmetalllager betrieb. Er lud unsere Fracht getrennt nach Eisen und Kupfer auf seine uralte, dreckige Waage und wog die verschiedenen Metallsorten. Das gab immer ein bisschen Taschengeld, von dem Mutter nichts gewusst hat. Auf dem Rückweg fuhren wir dann möglichst unauffällig an der Rückseite seines Lagers vorbei. Nachdem wir uns vergewissert hatten, dass er uns nicht mehr sehen konnte, luden wir von dem dort gelagerten Alteisen, so viel wir tragen konnten, auf unser Wägelchen. Das Ganze deckten wir vorsorglicherweise mit einem Jutesack zu und machten uns auf den Heimweg.

Geschäfstüchtig, wie wir zu sein glaubten, hatten wir damit schon wieder eine Basis für das nächste Geschäft geschaffen. Dem alten Mann verkauften wir die von uns geklaute Ware nach und nach ein weiteres Mal zusammen mit unseren anderen Müllkippenfunden. Irgendwann muss er wohl Verdacht geschöpft haben und uns hinter die Schliche gekommen sein. Nachdem er unsere Ware wieder einmal abgewogen hatte und ich den Gegenwert in die Hand gezählt bekommen hatte, sagte er mit ernstem Gesicht, dass er ab sofort nur noch an Kupfer oder Messing interessiert sei. Eisen habe er bereits genug, er brauche von uns keines mehr.

Wenn ich an diesen Moment zurückdenke, meine ich immer noch zu spüren, wie mir stoßartig das Blut in den Kopf geschossen ist und ich ganz heiße Ohren bekommen habe. Meinen kleinen Bruder hat das offensichtlich ganz kalt gelassen. Ich habe ihn nur grinsen sehen. Für ihn war ich ohnehin immer der Hauptverantwortliche. Auf jeden Fall haben wir uns blitzartig verzogen und beschlossen, unseren Vorrat an Kupferdraht mehrere Wochen lang zu Hause zwischenzulagern, um Gras über die Sache wachsen zu lassen.

Die Ausgrabungen auf unserer Müllkippe mussten wir deshalb nicht einstellen. Wir sind also Teil der örtlichen Müll-Mafia geblieben. Irgendwann haben wir uns dann doch getraut, die Geschäftsbeziehung zum alten Mann wieder aufzunehmen und ihm unseren Kupfervorrat anzubieten. Das gefundene Alteisen sammelten wir weiter und verkauften es zu „Sonderpreisen" an unsere Spielkameraden, sofern sie daran interessiert waren. Die brachten es dann zum Alteisenhändler, um es mit einem geringen Aufschlag loszuwerden. So konnten wir trotz der eingetretenen Turbulenzen doch noch ein bisschen davon profitieren.

Neben den verwertbaren Dingen, die unsere Müllkippe bereithielt, fanden wir natürlich auch andere Sachen. Dazu gehörte Karbid, wofür wir uns ebenfalls immer interessiert haben. Karbid hatte man damals zum Schweißen benötigt und weil es in unmittelbarer Nachbarschaft zwei Schlossereien gegeben hat, kam dieses Zeug vermutlich von dort. Ich vermute mal, dass es so gewesen ist, bin mir aber nicht sicher.

Karbid lag in größeren und kleineren grauweißen Brocken herum, roch nach Schwefel und begann zu schäumen, sobald wir drauf gespuckt haben. Jetzt benötigten wir nur noch eine leere Blechdose mit einem dazu passenden Deckel. Davon gab es auf der Müllkippe immer ein paar. Nachdem wir eine geeignete Dose gefunden hatten, befüllten wir sie mit ein wenig Karbid, spuckten drauf und verschlossen sie rasch. Den Deckel klopften wir mit einem Stein so fest wie möglich auf die Dose. Dann rannten wir weg. Wir mussten gar nicht lange warten, schon flog der Deckel mit einem lauten Knall von der Dose und unser Experiment war geglückt.

Das passierte, weil sich aus der Verbindung Karbid und Spucke in der Dose ein brennbares Gas gebildet hatte, das immer mehr Druck erzeugte. Sobald in der Dose genug Druck aufgebaut worden war, flog der Deckel in die Luft. Das war doch ziemlich spektakulär und wir hatten unseren Spaß daran. Weil wir die Sache gut im Griff hatten, marschierten wir mit einer entsprechenden Menge Karbid und ein paar Dosen nach Hause in unseren Hof. Dort bauten wir unsere Sprengkörper auf und stellten die Dosen nebeneinander auf den Boden. Dann haben wir sie mit Karbid bestückt, all unsere Spucke zusammengenommen und in die Dosen gespuckt. Nun mussten wir nur noch so schnell es ging, die Deckel draufklopfen und wegrennen. Wir schafften es kaum, uns in Sicherheit zu bringen, als schon der erste Deckel mit einem lauten Knall davon flog. Das war natürlich ein Riesenspaß!

Leider Gottes hat uns eine besorgte Mutter aus dem Haus diesen Spaß verdorben, weil sie uns dabei beobachtet hatte und durch die Knallerei auf uns aufmerksam geworden ist. Es kam, wie es fast immer gekommen ist: Meine Eltern, durch das energische Klingeln einer besorgten Mitbewohnerin wieder ein-

mal aus der ohnehin eher selten genossenen Mittags-
ruhe aufgeschreckt, haben uns das Experimentieren
mit diesen „Bomben" verboten.

Also haben wir uns für weitere Versuche wieder in unser „Open-Air-Labor" auf der Müllkippe
zurückgezogen und dort unsere Forschungen be-
trieben. Später haben wir sogar damit begonnen,
Glasflaschen mit Bügelverschluss als Sprengkörper
einzusetzen. Das wurde dann aber selbst uns kleinen
Wissenschaftlern zu gefährlich, weil wir nie genau
voraussehen konnten, wohin die Glasscherben geflo-
gen sind, auch wenn wir die Flasche sicherheitshalber
hinter einem Erdhaufen oder einem größeren Stein
deponiert haben. Funktioniert hat es aber immer.

Winter am See - Der Schlittschuhläufer

Einmal brachte Vater meinem Bruder und mir alte, gebrauchte Schlittschuhe mit. Er zeigte uns im darauf folgenden Winter, wie man damit auf dem zugefrorenen See laufen konnte. Auch wenn der See selten zur Gänze zugefroren war, zum Schlittschuhlaufen gab es immer genug Eis. Die alten Schlittschuhe hatten zum Festmachen vorne und hinten noch je zwei bewegliche Metallklemmen mit Gewinden. Damit konnte man sie auf die Sohlen des festen Schuhwerks spannen und anschließend mit einem Vierkantschlüssel an der Innen- und Außenseite der dicken Gummisohlen verschrauben. So haben sie möglichst lange am Schuh gehalten und man konnte auf dem Eis dahin gleiten, bis man müde geworden war. Wenn man sie nicht gut genug festgezogen hatte, haben sie sich manchmal schon nach ein paar Schwüngen wieder vom Schuh gelöst.

Bei diesen Gelegenheiten zeigte uns Vater auch Stellen auf dem Eis, unter denen sich große Methangasblasen gebildet hatten. Das Gas stieg aus dem Grund des Sees in kleinen Bläschen auf und sammelte sich unterm Eis, sobald der See zu gefrieren begann.

Wenn man eine solche Stelle gefunden hatte, war Vorsicht geboten, weil das Eis immer dünner wird, je näher man ins Zentrum einer Blase vordringt. Die Eisdecke gefriert an dieser Stelle nämlich zuletzt und das immer weiter aufsteigende brennbare Gas sammelt sich genau darunter. Solche Blasen konnten einen Durchmesser von zwei Metern und mehr erreichen.

Vater zeigte uns, wo wir stehen bleiben mussten, holte aus der Tasche einen mitgebrachten 80er-Nagel und Streichhölzer und rutschte auf den Knien bis zum Zentrum der Blase vor, wo das Eis nur noch ein paar Millimeter dick war. Dort angekommen stach er mit dem Nagel ein kleines Loch ins Eis und man konnte gut hören, wie das Gas gleich auszuströmen begann. Sofort hielt er ein brennendes Streichholz ins Gas und schon hatten wir ein Lagerfeuer, an dem wir die Hände wärmen konnten. Oftmals reichte der Gasvorrat für mehrere Stunden und wir konnten uns beim Schlittschuhlaufen immer wieder aufwärmen und die mitgebrachten Würstchen grillen, nachdem wir sie auf zuvor abgeschnittene und zugespitzte Weidenzweige gespießt hatten.

Zu unserer Ausrüstung gehörte immer auch eine Rodel mit einer alten Decke, auf der wir alle Platz hatten und wo wir es uns beim Würstchen braten gemütlich machen konnten. Übermütig und frech, wie wir Kinder nun einmal waren, wagten wir uns manchmal ins Zentrum der Blase vor. Wir setzten uns dann auf die Eisfläche, streckten ein Bein aus und schlugen mit dem spitz zulaufenden hinteren Ende des Schlittschuhs auf die Stelle im Eis, an der das brennende Gas ausströmte. Sofort loderte eine riesige Stichflamme hoch und wenn wir uns nicht schnell genug in Sicherheit bringen konnten, fehlte uns oft ein Büschel Haare über der Stirn und die Augenbrauen waren auch kürzer als zuvor. Das war nicht ganz ungefährlich und das verbrannte Haar hat immer fürchterlich gestunken.

Der Winter am See hat auf mich immer einen ganz besonderen Reiz ausgeübt. Das geht mir auch heute noch so. Ich erinnere mich noch gut daran, dass mich ein etwa gleichaltriger Mitschüler und sein älterer Bruder einmal gefragt haben, ob ich Lust hätte, mit ihnen zum Auhafen, einem Teil des Harder Beckens, hinauszugehen, um ein Lagerfeuer zu machen. Es war bitterkalt, aber ich war selbstverständlich sofort dabei. Einer der beiden meinte noch, ich solle ein Stück Brot und ein, zwei Kartoffeln mitnehmen. Gemeinsam marschierten wir los, nachdem ich mir eine dicke Jacke übergezogen hatte.

Auf dem Weg dorthin kamen wir am Altmetalllager des alten Mannes vorbei, der aber nirgends zu sehen war. Wahrscheinlich saß er in seinem vollgestopften Büro vor seinem kleinen, gusseisernen Kohleofen. Am Auhafen angekommen sind wir gleich auf die kleine Halbinsel am achseitigen Ufer gegangen, auf der alte, knorrige Weiden und schlanke Erlen wuchsen. Im Sommer bei hohem Wasserstand stand die ganze Halbinsel unter Wasser. Jetzt war alles trocken gefallen und wir mussten in den braun gewordenen, getrockneten, über zwei Meter hohen Schilfhalmen nach einer geeigneten Stelle suchen. Mitten im Röhricht fanden wir schließlich einen kleinen Platz, der nur mit grobem Kies bedeckt war.

Schnell schoben wir ein paar alte, morsche Brocken Schwemmholz zusammen, auf denen wir es uns gemütlich machten. Dann machten wir uns auf die Suche nach trockenem Feuerholz. Als wir genügend gesammelt hatten, hob ich in der Mitte unseres Platzes eine flache Grube aus und mein Kumpel, mit dem ich in die gleiche Klasse ging, legte ein paar kleinere Ästchen auf das trockene Schilf, das sein Bruder in die Grube gelegt hatte. Nun holte ich meine Streichhölzer heraus und zündete das Schilf unter dem Geäst an. Es fing sofort an zu brennen und die Flammen loderten gleich recht hoch. Nachdem wir genug Holz nachgelegt und unsere Sitzgelegenheiten ein bisschen vom Feuer weggeschoben hatten, weil es uns zu heiß geworden war, warteten wir, bis das Feuer heruntergebrannt war und in der Feuerstelle nur noch Glut zu sehen war. Dann holten wir die mitgebrachten Kartoffeln aus unseren Jackentaschen und legten sie in die Glut. Als ich die Glut so gut es ging zusammengeschoben und die Kartoffeln damit ein bisschen bedeckt hatte, zog der ältere der beiden Brüder eine große Dose Sardinen aus seinem Beutel und öffnete sie mit seinem Dosenöffner.

Sein Dosenöffner sah ganz einfach aus. Er hatte einen zu einem Dreieck gebogenen Griff und am unteren Ende war er gespalten. Diesen Spalt schob er über die Lasche, die vom Deckel der Dose wegstand. Dann begann er den Deckel damit aufzurollen. Das funktionierte prima. In der Dose lagen die Sardinen ganz eng beieinander und man konnte überall das Öl sehen. Für mich sah dieses Zeug nicht gerade appetitlich aus, ich hatte ja auch noch nie zuvor Sardinen gegessen. Jetzt legte er die Dose samt Inhalt vorsichtig auf die über die Kartoffel verteilte Glut.

Dann holten wir unsere Taschenmesser heraus und er zeigte uns, wie man aus einem dünnen Weidenästchen einen kleinen Spatel schnitzen konnte. Nun brauchten wir nur noch einen flachen, etwas größeren Stein und schon hatte jeder seinen Teller. Mittlerweile waren die Sardinen warm geworden. Er nahm die Dose am aufgerollten Deckel von der Glut herunter und stellte sie etwas abseits vom Feuer vor sich auf den Boden. Seinen flachen Stein legte er daneben. Nun fuhr er mit seinem hölzernen Spatel vorsichtig in die Dose, holte eine Sardine heraus und schob sie auf seinen „Teller". Dann waren wir an der Reihe und machten es ihm nach. Der warme Fisch roch sehr gut und sein Aussehen störte mich plötzlich überhaupt nicht mehr. Ich hatte richtig Hunger bekommen. Zusammen mit dem mitgenommenen Brot schmeckte das so gut, dass mir heute noch das Wasser im Munde zusammenläuft, wenn ich daran denke! Als die Fische gegessen waren, konnten wir das restliche Brot noch ins warme Öl tunken.

Unsere Kartoffeln waren mittlerweile auch gar geworden und wir holten sie mit den zugespitzten, dünnen Ästchen aus der Glut. Nun ließen wir sie eine Zeit lang neben der Feuerstelle zwischen den Steinen liegen, bis sie so weit abgekühlt waren, dass wir sie anfassen konnten. Mit unseren Taschenmessern haben wir die Schale abgekratzt und dann konnten wir sie essen. Einfach himmlisch!

In meiner Kindheit haben wir natürlich auch entdeckt, dass man zum Rauchen nicht unbedingt Zigaretten gebraucht hat. Dazu konnte man auch so genannte „Niala" verwenden. „Niala" sind abgestorbene, getrocknete Pflanzenteile von Efeuranken, die überall am Seeufer zu finden waren. Man musste nur ein wenig im Schwemmholz herumstöbern und schon hatte man ein bleistiftdickes getrocknetes Ästchen gefunden. Wenn man es an einem Ende ins Feuer gehalten hat, bildete sich eine Glut, in der die „Niala" langsam verglüht ist, wenn man am anderen Ende daran gezogen hat. Der einzige Nachteil war, dass der Rauch auf der Zunge richtig gebrannt hat.

Auch wir sind nach dem guten Essen auf die Suche gegangen und wühlten im Schwemmholz nach „Niala". Wir brauchten nicht lange zu suchen. Feuer hatten wir ja schon und so konnten wir genüsslich eine anstecken. Damit ging ein wunderbarer Nachmittag seinem Ende entgegen.

Holzfäller und Floßbauer

Unweit der Stelle, an der wir das zuvor beschriebene Festmahl hatten, führte ein enger Weg durch das Röhricht zum Auwald am Ufer der Bregenzer Ache. Wir hatten zwar gehört, dass Bäume nur im Winter gefällt werden sollten, wussten aber nicht, warum. Uns war aber klar, dass die Zeit drängte, wenn wir ein Floß bauen wollten, mit dem man nach Eintritt der Schneeschmelze und sobald die Ache hochging, über die Mündung in den See gelangen konnte. Schließlich hatten wir vor, auf dem Floß auch noch eine Hütte zu errichten, um auf dem See übernachten zu können, falls das einmal erforderlich werden sollte. Fünf oder sechs etwa gleichaltrige Teilnehmer waren schnell gefunden. Mit Beilen und Schwedensäge bewaffnet trafen wir uns an einer zuvor vereinbarten Stelle und gingen unverzüglich ans Werk.

Zuerst suchten wir einen Platz, von dem wir wussten, dass er im Frühsommer bei Hochwasser überflutet sein würde. An einem einzigen Nachmittag fällten wir mitten im Wald fünf oder sechs schenkeldicke etwa fünf Meter lange Erlen mit möglichst geradem Stamm und am nächsten Tag noch einmal so viele. Das hatte den Vorteil, dass wir an der gerodeten Stelle gleich einen Platz für den Bau des Floßes schaffen konnten. Kein Mensch hat uns dabei gestört.

Nachdem wir alle Stämme mit der Schwedensäge so genau wie möglich auf gleiche Länge geschnitten hatten, legten wir sie dicht an dicht nebeneinander und hatten nun die Breite des Floßes. Danach suchten wir vier gerade gewachsene und ziemlich gleich starke, armdicke Weidenäste, die wir so ablängten, dass sie links und rechts etwa zwanzig Zentimeter über das Floß hinausragten. Nun verbanden wir jeden dieser Äste mit den Stämmen. Dazu verwendeten wir Nylonschnüre, die es damals schon gegeben hat und die wir auf unserer Müllkippe gefunden hatten. Das Festzurren der Konstruktion brauchte ziemlich viel Kraft, weil jeder einzelne Stamm so fest wie möglich mit den darüber gelegten Weidenästen verbunden sein sollte, um ein stabiles Floß zu bekommen.

Wir alle waren von unserem Werk mehr als begeistert und in den Pausen schmiedeten wir schon Pläne, wohin die erste Fahrt gehen sollte. Jetzt fehlte noch die Hütte. Der Bau der Hütte stellte sich als viel schwieriger heraus als erwartet. Wir überlegten hin und her, wie wir doch noch ein Dach über den Kopf bekommen könnten, und begnügten uns schließlich damit, einen kurzen Mast zu errichten, an dem wir ein Rahsegel ähnlich einem Wikingerschiff, setzen konnten.

Jetzt mussten wir nur noch aufs Hochwasser warten. Wir wussten genau, dass das seit Urzeiten immer schon gekommen war und dass es auch dieses Jahr so sein werde. Genau so kam es denn auch. Das Wasser der Ache stieg höher und höher und durchdrang nach wenigen Tagen den Auwald. Auch unser „Bootsplatz" wurde überflutet und siehe da, unser Floß begann zu schwimmen! Wir hüpften vor Freude auf dem Floß herum und begannen das träge und sehr schwere Gefährt mit langen Stangen, die wir schon Tage zuvor vorbereitet hatten, Richtung Achmündung zu schieben.

Doch wir hatten die Rechnung ohne den Wirt gemacht und vor lauter Bäumen den Wald nicht gesehen. Auf dem Weg zur Mündung haben uns immer wieder Büsche und Bäume den Weg verstellt und uns an der Durchfahrt gehindert. Darauf hatten wir viel zu wenig Bedacht genommen, als wir an die Rodung unserer Stämme gegangen waren! Enttäuscht mussten wir unseren Plan schließlich aufgeben und unser Fernweh anders zu bekämpfen suchen, indem wir uns neue Streiche ausgedacht haben.

Ein Abenteuerspielplatz ganz anderer Art war den ganzen Winter über das Gelände südlich des Krottenlochs, einem großen Tümpel, der nicht direkt mit dem See verbunden gewesen ist. Der Schilfgürtel in diesem Revier war zwei- bis dreihundert Meter breit und wir konnten in der ganzen Breite darin spielen. Das wäre heute undenkbar! Sobald der See im Frühwinter soweit gefallen und der Boden so ausgetrocknet war, dass wir nicht mehr im Schlamm versanken, nahmen wir das Gelände in Besitz. Dann spielten wir stundenlang Räuber und Gendarm, schnitten ganze Arme voller Schilf und rodeten Flächen, um darauf Schilfhütten zu bauen. Nach ein paar Wochen hatten wir überall Trampelpfade ausgetreten, die ein richtiges Labyrinth gebildet haben. Wenn man von einem andern Kind verfolgt wurde, gab es unzählige Möglichkeiten, sich zu verstecken. Das kann man rückblickend nur als Paradies auf Erden bezeichnen!

Mein Bruder und sein Tomahawk

Mein kleiner Bruder bekam von Vater irgendwann zum Ende der Sommerferien ein kleines Beil geschenkt. Für das Beil hatte Vater vom Wagner eigens einen neuen Stiel anfertigen lassen, weil der alte schon abgenutzt war und nicht mehr schön aussah. Damals lebte beinahe in jedem Dorf ein Wagner, weil die vielen Landwirte immer noch mit Holzfuhrwerken und Leiterwagen arbeiteten und die meisten Wagner hatten auch genug zu tun. Auch Küfer gab es natürlich noch etliche. Die Fassbinderei wurde immer noch gebraucht, da der Most ausschließlich in Holzfässern gelagert worden ist und es gar nicht so selten war, dass ein altes, unbrauchbar gewordenes Fass ersetzt werden musste.

Ich denke, dass Vater mit diesem Geschenk einen pädagogischen Zweck verfolgt hat, und vermute mal, dass er gemeint hat, meinen Bruder mit viel Geduld und Einfühlungsvermögen motivieren zu können, sich fürs Brennholz hacken zu begeistern und Freude am Arbeiten zu bekommen. Falls dieser Hintergedanke bei der Auswahl dieses Geschenks eine Rolle gespielt hat, muss man nachträglich sagen, dass dieses Vorhaben ein klassischer Fehlschlag geworden ist und gründlich daneben ging, was Vater natürlich nicht vorhersehen konnte.

Mein Bruder freute sich so sehr über das kleine Beil, dass er sich auch gleich an die Arbeit machte. Vis-à-vis vom Zollamt hatte unser Nachbar, der Schlossermeister im Vorgarten seiner Schlosserei vier oder fünf prächtige, etwa zwei Meter hohe Spalierbäume stehen. Diese Bäumchen waren sein ganzer Stolz und sie haben bereits im dritten Jahr recht große und wohlschmeckende Tafelbirnen getragen. Wir konnten ihn schon im Frühling dabei beobachten, wie er liebevoll und mit Gefühl ein Ästchen mit Blüten herunterzog und diese eingehend begutachtete. Später, nachdem aus den Blüten Birnen geworden waren, sahen wir ihn mit dem Daumen zärtlich den Reifegrad seiner Birnen prüfen. Auch an den Früchten riechen sahen wir ihn. Man konnte ihm gut ansehen, wie sehr er sich auf die bevorstehende Ernte gefreut hat.

Ich weiß nicht, welcher Teufel meinen kleinen Bruder geritten hat, als er von allen unbemerkt mit seinem kleinen Beil in der Hand die Straße überquerte, schnurstracks auf das erste Birnenbäumchen zuging und mit der Rodung begann. Er schaffte es tatsächlich, das Bäumchen umzuhauen, bevor irgendjemand davon Wind bekommen hätte. Hochmotiviert von diesem Erfolg nahm er sich gleich ein weiteres Bäumchen vor und hackte darauf herum. Man braucht nicht viel Fantasie, um zu ahnen, wie das Ganze geendet hätte, wenn der Schlossermeister nicht gerade mit einem Kunden auf den Platz getreten wäre. Wie es meinem Bruder gelungen ist, in höchster Gefahr, ohne größere Komplikationen die Flucht zu ergreifen und heil nach Hause zu kommen, ist mir heute noch ein Rätsel.

Damit war die Sache natürlich noch lange nicht erledigt. Der Schlossermeister beschwerte sich lautstark bei unserem Vater. So laut, dass es vermutlich die ganze Straße mitbekommen hat. Vater konnte den entstandenen Schaden nur wieder gutmachen, indem er mit schmerzverzerrtem Gesicht seine Geldtasche gezogen hat. Wirklich überrascht hat mich damals, dass er meinem kleinen Bruder ziemlich ruhig und gar nicht aufgebracht erklärte, dass das Beil nie dafür gedacht gewesen sei, Bäume in Nachbars Garten zu fällen und dass so etwas nie wieder passieren dürfe! Mein Bruder zeigte zwar keine Reue, aber er schien es einzusehen. Schließlich hatte er die Gelegenheit bekommen, sein Beil auszuprobieren und feststellen können, dass es wirklich etwas taugte, und mit dem Schlossermeister wollte er ohnehin nichts mehr zu tun haben.

Mein kleiner Bruder war damals im Gegensatz zu mir ziemlich pummelig und nicht gerade der Schnellste beim Laufen. Heute, ein paar Jahrzehnte später, ist das gerade umgekehrt. Unsere Spielkameraden im Hof wussten das auch und haben ihn deshalb oft gehänselt. Als es wieder einmal so weit war und einige Kinder um ihn herum sprangen und sich über ihn lustig machten, ging er wortlos in den Schuppen, nahm sein kleines Beil von der Wand, schwang es wie eine indianische Streitaxt über seinem Kopf und warf es mitten in die Kinderschar. Das kleine Beil schlitterte, ohne jemanden zu verletzen, über den kiesigen Grund und blieb nach ein paar Metern liegen. Jeder wird sich das angsterfüllte Geschrei der Kinder vorstellen können! Sie stoben wie aufgeschreckte Hühner in Panik auseinander.

Es dauerte keine halbe Stunde und schon klingelte eine Abordnung aufgebrachter und besorgter Mütter voller Zorn an unserer Haustüre. Nachdem Mutter sich die berechtigten Reklamationen angehört hatte, ohne jedoch die aufgeregten Damen in unsere Wohnung zu bitten, war die erste Hürde genommen. Natürlich berichtete sie Vater noch am selben Abend – immer noch einigermaßen unter Schock stehend – von der Tat seines jüngeren Sohnes. Vater hörte sich alles an. Dann stand er wortlos auf, ging hinaus in den Schuppen, schnappte sich das Beil meines Bruders und lief damit über die Straße zum Hafen. Niemand kann heute mehr sagen, wo genau auf dem Grund des Sees das Beil zu liegen kam, aber es wird nie mehr Schaden anrichten und bleibt mit Sicherheit auf ewig verschwunden. Meinen kleinen Bruder würdigte er keines Blickes und er sagte auch kein Wort. Vermutlich wird er sich gedacht haben: Wie konnte ich nur!

Die Feuerleiter

Auf dem zu unserer Straße hin offenen Hof der Schlosserei stand schon seit einigen Tagen ein historisches Gerät. Es handelte sich um eine ausziehbare Feuerleiter aus Holz, die auf einer Art Lafette montiert war, die von Pferden gezogen werden konnte. Das Gefährt hatte noch Räder mit Holzspeichen und einer Nabe. Auf jedes Rad war ein eiserner Reifen aufgezogen, so wie ich das vom Bauernhof meines Großvaters in Mäder kannte. Das besondere an der Leiter war, dass sie aus zwei oder drei Teilen bestanden hat, die sich mithilfe eines großen Kurbelrades ausziehen und hochfahren ließen.

Diese fahrbare Feuerleiter hat uns magisch angezogen und so stapfte ich an einem Sonntagvormittag mit einem etwas jüngeren Spielkameraden über die Straße, um dieses seltsame Gefährt gründlich in Augenschein zu nehmen. Ich war damals etwa acht oder neun Jahre alt. Wir liefen um das Fahrzeug, kletterten hinauf, rüttelten dort und da und dann – wie hätte es auch anders sein können – machten wir uns an der Kurbel zu schaffen und versuchten daran zu drehen. Die Kurbel ließ sich gar nicht so leicht drehen, weil die Leiter doch einiges an Gewicht hatte. Wir merkten aber gleich, man konnte das auch gut hören, dass sie beim Drehen immer einrastete, sobald es uns gelungen war, die Leiter ein bisschen nach oben zu bewegen.

Wir wurden immer mutiger, denn wenn wir zu zweit an der Kurbel drehten, hörten wir den Sicherungsbolzen mit einem Klicken einrasten und die Leiter blieb in der erreichten Position, auch wenn wir die Kurbel losließen. Das motivierte uns natürlich, weiter an der Kurbel zu drehen und die Leiter so weit wie möglich auszufahren. Nach ein paar Umdrehungen machten wir immer wieder eine Pause und erfreuten uns staunend am bereits Geleisteten.

Nachdem wir es geschafft hatten, die Leiter ganz hochzuziehen und nur noch ein kleines Stückchen Weg fehlte, muss einer von uns beiden wohl versehentlich an die Bolzensicherung gestoßen sein und sie gelöst haben. Die schwere Leiter rutschte in einem Ruck und mit einem lauten Krachen herunter in die Ausgangsposition. Das hatte natürlich zur Folge, dass sich die Kurbel ebenfalls in einem Höllentempo rückwärtszudrehen begann. Mein Kumpel wurde dabei vom hölzernen Griff der Kurbel am Kinn getroffen und flog etwa eineinhalb oder zwei Meter auf die Seite. Das alles spielte sich in wenigen Sekunden ab und dauerte nur einen Augenblick. Ich sah ihn am Boden liegen und hörte ihn losheulen. Ich bemerkte auch, dass seine Lippen aufgeschlagen waren. Er blutete ziemlich stark aus dem Mund. Bevor ich mich versah, hatte er sich schon aufgerappelt und rannte laut schreiend über die Straße nach Hause. An der Stelle, wo er gelegen hatte, fand ich am Boden noch zwei oder drei Zähne. Das war alles. Dann ging auch ich nach Hause. Die Feuerwehrleiter stand in ihrer Ausgangsposition da, als wenn nie etwas gewesen wäre, und ich verhielt mich ebenso.

Ein paar Tage später habe ich dann von Mutter erfahren, dass mein Kumpel einen Kieferbruch erlitten und drei Zähne verloren habe. Diesen Umstand muss sie wohl als das Schlimmste empfunden haben, weil es sich bei den Zähnen des Buben schon um die sogenannten „Zweiten" gehandelt hatte. Ich selbst kam glücklicherweise bei der Geschichte gar nicht vor. Dass man ihn auch an der Lippe nähen musste, habe ich dann später mal von ihm selbst auf dem Schulweg erfahren.

Das Verrückteste in diesem Zusammenhang erlebte ich aber etwa fünfzig oder sechzig Jahre später. Ich war mit meiner Frau wieder einmal auf dem Flohmarkt, der jeden Samstagvormittag in der Nähe unserer Wohnung stattfindet. Mein Kumpel von früher war mit seiner Gattin ebenfalls dort. Ich machte meine Frau mit den beiden bekannt und wir kamen recht schnell ins Gespräch. Nachdem wir uns gegenseitig über unseren Gesundheitszustand und unser Befinden aufgeklärt hatten, fragte er mich ganz beiläufig, ob ich mich noch an den Vorfall mit der Feuerleiter erinnern könne. Klar konnte ich das! Dann erzählte er mir, dass er viele Jahre nach diesem Ereignis – er war mittlerweile längst verheiratet und schon lange von Hard weggezogen – irgendwann seitlich am Gaumen mit der Zunge eine harte Stelle bemerkt habe, die Woche für Woche immer etwas größer wurde. Er besprach sich mit seiner Frau und begann sich Sorgen zu machen. Also besorgte er sich einen Termin beim Zahnarzt. Nachdem dieser ihn untersucht hatte, stellte der überrascht fest, dass sich hier aus unerklärlichen Gründen ein Zahn samt Wurzel befand. Er meinte, dass an dieser Stelle üblicherweise keine Zähne wüchsen und dass ihm so etwas in seiner langjährigen Berufspraxis noch nie untergekommen sei. Er habe auch in der einschlägigen Literatur noch nie von einer Besonderheit dieser Art gelesen! Meinem Spielkameraden aus der Jugendzeit blieb nichts anderes übrig, als sich einer neuerlichen Operation zu unterziehen, um die Spätfolgen dieses Ereignisses für immer beseitigen zu lassen.

Der Harder Fenstersturz

Von einer anderen nennenswerten Begebenheit kann ich auch noch berichten. Es dürfte kurz nachdem ich eingeschult wurde, gewesen sein, als der Junge aus der über uns liegenden Wohnung sich über mich lustig gemacht hat. Er war so alt wie mein Bruder und so wie dieser auch etwas rundlich und gut genährt. Das konnte man bei ihm an den vielen Resten von Babyspeck erkennen.

Zum besseren Verständnis muss ich an dieser Stelle die örtlichen Begebenheiten kurz beschreiben. Wir haben wie schon gesagt im Zollamt gewohnt. Das Zollamt war ein nicht unterkellertes Gebäude mit im Hochparterre gelegenem Erdgeschoß und einer ersten Etage, dem zweiten Obergeschoss und dem Dachgeschoss.

Im Dachgeschoss war neben zwei Wohnungen ein großer Trockenraum für Wäsche eingerichtet worden. Ich kann mich noch gut daran erinnern, wie die langen Unterhosen meines Vaters im Winter stocksteif gefroren an der ebenfalls ganz steifen Wäscheleine gehangen haben. Über diesem Geschoss, ganz unterm Dach, wo man durch die Lattung hindurch die

Dachziegel sehen konnte, gab es für die Hausbewohner mehrere mit Dachlatten verkleidete, versperrbare Verschläge, die benutzt worden sind, um diversen Krempel zu verstauen. Der Fußboden dort oben war immer etwas rußig, weil der Wind manchmal den aus den Kaminen am Dach aufsteigenden Rauch wieder runter gedrückt hat. Damals waren die Hausdächer ja noch nicht isoliert.

Wenn man davon ausgeht, dass sich der Fußboden unseres Kinderzimmers etwa eineinhalb Meter über dem Erdboden im Freien befand – deshalb sind wir bei Hochwasser nie nass geworden – unser Kinderzimmer selbst eine Höhe von mehr als zweieinhalb Metern hatte, die Deckenkonstruktion zusammen mit dem Fußboden der über uns liegenden Wohnung mindestens dreißig Zentimeter stark war und die Fensterbrüstung im Kinderzimmer dieses Jungen auch etwa einen Meter hoch war, dann bedeutet das, dass die Fallhöhe beim Sturz dieses Knaben fünfeinhalb Meter betragen haben muss!

Ergänzend zum eben Gesagten möchte ich noch darauf hinweisen, dass sich genau unter unserem Fenster für die Kinder vom Haus ein schöner großer Sandkasten befunden hat, in dem wir oft gespielt haben und der wenige Tage zuvor mit frischem Rheinsand vom benachbarten Kieslagerplatz aufgefüllt worden war. Rheinsand deshalb, weil der sich sehr gut zum Bauen von Burgen geeignet hat. Darauf haben früher die Verantwortlichen zum Unterschied von heute sogar noch geachtet.

Nun zur Geschichte, die sich folgendermaßen zugetragen hat. Es war an einem wunderschönen, sonnigen Vormittag. Von unserem Kinderzimmer aus konnte ich in die Gärten der Hausbewohner sehen und die Gattersäge der Sägerei in unserer Nachbarschaft hören. Kaum hatte ich mich aus dem Fenster gebeugt, als ich schon einen nassen Klecks auf meinem Kopf spürte. Ich zog den Kopf ein und hörte den Buben über mir laut lachen. Er hatte mir auf den Kopf gespuckt und auf Anhieb getroffen. Als ich gleich darauf wieder hinausschaute, versuchte er noch einmal mich zu bespucken, was aber nicht funktionierte, weil er sich vor lauter Lachen schüttelte.

Plötzlich verstummte das Lachen ganz abrupt, ich zuckte zurück und sah vor meinem Gesicht einen dunklen Schatten an mir vorbeirauschen. Im selben Moment hörte ich einen dumpfen Aufprall und es war klar, dass der Bub in den Sandkasten gefallen war! Als ich auf den Sandkasten hinunterschaute, war der Bub bereits wieder auf den Beinen und rannte vor Schreck laut brüllend ums Haus. Ich hörte ihn den ganzen Weg hinauf bis in seine Wohnung brüllen. Das Brüllen verstummte auch nicht, als er schon in der Wohnung war. Ich konnte ihn ganz deutlich hören. Es ist erstaunlich, dass er den Sturz, ohne Schaden zu nehmen, heil überstanden hat. Das Einzige, was ich an ihm am darauffolgenden Tag bemerkt habe, war ein großes Pflaster über seinem linken Auge. Das war alles. Der frische Sand und sein Babyspeck müssen den Aufprall gedämpft haben.

Wirklich mehr als erstaunlich!

Spiele und Spielzeug

Vater hatte sehr viel Freude daran, wenn er uns die schönsten Spielsachen aus Holz machen konnte. Wenn wieder ein paar Stücke fertig waren, hat er alle bunt lackiert, zum Trocknen aufgestellt und noch einmal gestrichen, bis sie richtig geglänzt haben. In seiner Werkstatt bastelte er für uns Bauklötze, Tretroller, Schubkarren, formverleimte Bogen aus Eschenholz mit Pfeilen, eine kleine Kegelbahn, einen Kaufladen mit vielen kleinen Schubladen und viele andere Sachen. All das hat er für uns in den schönsten Farben lackiert. Mir wird erst jetzt beim Schreiben so richtig bewusst, wie viel Zeit er sich dafür genommen hat, und es kommt mir heute so vor, dass er uns mit all den Dingen beschenken wollte, die er als Kind vielleicht selbst gerne gehabt hätte.

Auch das Schachspielen hat uns Vater beigebracht. Nachdem wir es begriffen hatten, hielt er es lange so, dass er vor Spielbeginn seine Dame und einen der beiden Türme vom Brett nahm, damit unsere Chancen zu gewinnen, gestiegen sind. Eine richtige Genugtuung war es, als ich ihn zum ersten Mal besiegen konnte. Vielleicht hat er ja auch ein bisschen nachgeholfen, aber es schien mir, dass er sich über meinen Erfolg richtig gefreut hat. Die darauf folgenden Male spielte er meistens mit beiden Türmen, aber ohne Dame. An dieser Nuss hatte ich noch eine ganze Weile zu knacken. Irgendwann war ich dann so weit, dass wir beide mit allen Figuren gespielt haben. Ich kann mich nicht mehr daran erinnern, wann es mir zum ersten Mal gelungen ist, meinen Vater wirklich zu schlagen, aber ich weiß noch genau, dass es irgendwann so weit gewesen ist. Seltsamerweise ist das Schachspielen immer seltener geworden und hat irgendwann ganz aufgehört. Ich glaube, als er gemerkt hat, dass ich es begriffen hatte und er mir nichts mehr beibringen konnte, hat es ihn auch nicht mehr gereizt. Vater ging es in Wirklichkeit eigentlich nie ums Spielen, sondern immer nur darum, uns etwas lehren und zeigen zu können.

Einmal erstand er für uns aus einem Nachlass in der Nachbarschaft eine Modelleisenbahn mit zwei Lokomotiven und vielen Waggons, Geleisen und Weichen, mit Schranken und Bahnübergängen, einem Bahnhof und ein paar Häuschen. Vor der Inbetriebnahme baute er in unserem Kinderzimmer eine große, schöne Landschaft auf einem Holzgerüst, das mit Sackleinen überzogen gewesen ist. Das Tuch tränkte er mit Kleister, der lange feucht genug blieb, damit er es bearbeiten konnte, bevor es trocknete und hart geworden war. Aus dem feuchten Tuch formte er eine Landschaft mit Felsen und Bergen und versah sie mit Tunnels und Straßen. Er bestrich das steif gewordene Kunstwerk neuerlich mit Kleister und bestreute es dann mit grün gefärbtem Sägemehl. Nach dem Trocknen waren grüne Wiesen und Weiden entstanden, in die er Büsche und Bäume setzte. Für die Straßen und Plätze streute er grauen Rheinsand. Die Anlage war auf einer großen Holzplatte montiert und ruhte auf zwei Böcken. Unter der Platte konnte man unzählige Drähte sehen, durch die der Strom geleitet wurde, um mit der Bahn spielen zu können. Von dort führten auch alle Stromkabel zur Beleuchtung in die Häuschen und den Bahnhof. Nach dem Dunkel werden, wenn man das Licht im Zimmer gelöscht hatte, schaut alles wunderschön aus. Um all dies sind wir natürlich von unseren Spielkameraden beneidet worden, wenn sie zu uns zum Spielen gekommen sind.

Wir lassen einen Drachen steigen

Etwas ganz Besonderes war auch, als Vater uns gezeigt hat, wie man einen Flugdrachen baut. Zu diesem Zweck ging er mit uns an den See und schnitt mehrere trockene, bereits abgestorbene und verholzte Schilfrohre ab, die vom Vorjahr stammten und überall zu finden waren. Aus ihnen sollte das Gerüst gemacht werden. Er brauchte für den Bau des Drachens drei nach Möglichkeit gleich starke und gerade gewachsene Schilfrohre, aus denen er etwa eineinhalb Meter lange Stücke zuschnitt. Jeder dieser Halme musste an beiden Enden einen Knoten oder ein sogenanntes Gelenk haben.

Der Knoten ist eine am Schilfrohr gut sichtbare, im Abstand von etwa dreißig bis vierzig Zentimetern auftretende natürliche Verdickung, die für die Steifigkeit des Rohres notwendig ist. Es brauchte ein bisschen Geduld, bis die geeigneten Schilfrohre gefunden waren, aber das Angebot war ja riesig. Bei der Auswahl und dem Zuschnitt jedes der für das Gerüst geeigneten Schilfrohre achtete er darauf, dass sich an beiden Enden ein derartiges Gelenk befunden hat. Alle drei Rohre bekamen nämlich an dieser Stelle mit dem Messer eine Kerbe verpasst.

Das kam mir gleich sehr bekannt vor, weil wir das ganz genau so bei unseren Pfeilen aus Schilfrohr gemacht haben, die wir in die gespannte Sehne des Flitzbogens anlegten, um eine Führung beim Abschießen zu haben.

Danach legte er die drei gleich langen Schilfrohre mit den Kerben an beiden Enden nebeneinander auf den Boden und bohrte durch jedes in der Mitte genau auf halber Länge ein dünnes Loch. Nun legte er die drei Rohre aufeinander, steckte ein Stück Draht durch die Löcher und verband so die Schilfrohre miteinander.

Als er sie nun auseinander drehte und in Position brachte, konnte man schon gut ein Sechseck und damit die Form des Flugdrachens erkennen. Nun holte er einen starken Bindfaden, ich meine, es war eine dünne Paketschnur, machte sie kurz unterhalb des Gelenks am Ende eines Schilfrohrs fest und zog die Schnur nacheinander über alle sechs Gelenke. Wieder beim ersten Gelenk angekommen, spannte er sie und band sie ebenfalls am Gelenk fest. Nun war das Gerüst des Drachens fertig und man konnte ein gut gelungenes Sechseck mit sechs gleich großen dreieckigen Feldern sehen.

Nachdem Vater sein Werk kritisch betrachtet hatte, maß er die Abstände der Schilfrohrenden zueinander, zog noch am einen oder anderen ein bisschen hin oder her, sodass alle sechs Seiten der Dreiecke gleich lang wurden. Dann gingen wir zurück in die Wohnung. Dort angekommen legte er das Gerüst auf den Boden und holte eine Schachtel, in der er bunte Bögen aus Seidenpapier aufbewahrt hatte. Nun durften wir aus den bunten Bögen drei Farben, die uns gefielen, auswählen. Nachdem mein Bruder und ich uns auf die Farben rot, gelb und blau geeinigt hatten, begann er je zwei rote, zwei gelbe und zwei blaue Dreiecke zuzuschneiden. Er verglich die Größe mit den noch nicht geschlossenen „Luftlöchern" und achtete darauf, dass jedes Dreieck vom andersfarbigen nächsten etwa einen Zentimeter überlappt wurde. Dann klebte er die sechs Seidenpapierdreiecke so zusammen, dass sich immer zwei gleiche Farben gegenüber befunden haben und alle Dreiecke sich farblich immer abwechselten. Ich glaube, dass er dazu Mehlpapp gemacht hat. Mehlpapp ist eine Mischung aus Mehl und Wasser, die man ähnlich wie Tapetenkleister zum Kleben von Papier verwenden kann. Nach rot kam gelb, dann blau und rot und nach gelb wieder blau. Das hat wunderschön ausgesehen. Am äußeren Rand des Dreiecks, das durch den gespannten Bindfaden entstanden war, verstärkte er das Seidenpapier noch mit Papierstreifen. Sie mussten natürlich die gleiche Farbe wie das Dreieck darunter haben. Um dem „Gesicht" des bunten Drachens etwas mehr Stabilität zu geben, schnitt er noch zwei handtellergroße, kreisrunde Stücke aus rotem Seidenpapier aus und klebte sie auf der Vorder- und Rückseite genau ins Zentrum.

Als er nun den beinahe fertigen Drachen vom Boden aufhob und an die Wand lehnte, konnte man sehen, dass die aus sechs Dreiecken bestehende Papierfläche nur über die Schnur am äußeren Rand mit dem Gerüst verbunden war. Noch war der Drachen nicht flugtauglich. Um ihn in der Luft führen und lenken zu können, musste er noch im Zentrum und an den beiden oberen Enden von einem der sechs Dreiecke auf der Seite, die sein Gesicht zeigte und auf die der Wind später blasen sollte, durch drei starke Bindfäden mit der Drachenschnur verbunden werden.

Außerdem fehlte ihm noch der Schwanz. Ohne Schwanz hätte der Drachen nicht stabil und gerade in der Luft stehen können. Er war auch notwendig, damit der Drachen mit einer leichten Neigung in die Höhe steigen konnte, vorausgesetzt, es gab genügend Wind. Für den Schwanz schnitt Vater ein langes Stück vom Bindfaden ab, das etwa dem dreifachen Umfang des Drachens entsprochen hat. Damit bestimmte er die erforderliche Länge des späteren Schwanzes. Das waren immerhin mehr als zehn Meter! Nun schnitt er aus den Resten des Seidenpapiers etwa zwanzig Zentimeter breite Streifen, so viele, bis das ganze Seidenpapier aufgebraucht war. Dann zeigte er mir, wie ich jeden Streifen zu falten hatte, damit daraus eine Masche werden konnte. Die Maschen sahen fast so aus wie die Fliegen, die man auch am Hemdkragen tragen kann – nur waren sie eben bunt und nicht schwarz. Wir waren eine ganze Weile damit beschäftigt, bis er meinte, mit dem Einknüpfen der ersten paar Maschen beginnen zu wollen. Nun machte er eine erste Schlaufe in den vorbereiteten Bindfaden, zog eine Papiermasche durch und zog die Schlaufe genau in der Mitte der Masche zu. So verfuhr er mit jeder Masche im Abstand von etwa dreißig Zentimetern. Als der Schwanz auf die ganze Länge bunt „bemascht" war, machte er sich wieder am Drachen zu schaffen und knüpfte an die Gelenke der beiden unteren, gegenüberliegenden Enden zweier Schilfrohre einen etwa einen Meter langen Bindfaden an, in dessen Mitte er den Schwanz befestigte.

Das war Präzisionsarbeit, es musste wirklich genau in der Mitte sein und – wie schon gesagt – war das die Voraussetzung dafür, dass der Flugdrachen beim Aufstieg in den Himmel schön gerade in die Höhe und nicht zu sehr auf die Seite gezogen wurde. Jetzt war es soweit. Das Kunstwerk war gelungen und wir trugen es auf das weite Gelände hinterm Hafen.

Am Hafen in der Nähe des Krottenlochs angekommen, blies der Wind aus West eher schwach, aber stetig wie fast immer. Vater legte den Drachen mit dem Gesicht nach unten auf den Boden. Nachdem er sich noch einmal vergewissert hatte, aus welcher Richtung der Wind wehte, legte er den langen Schwanz mit den bunten Maschen zur Gänze aus. Dann spulte er etwa fünfzehn Meter Schnur von der Rolle ab und legte die Spule mit der restlichen Drachenschnur ein paar Schritte entfernt seitlich ins Gras. Nun sagte er mir, was ich tun sollte und erklärte mir genau, wie ich den Drachen aufzuheben und auszurichten hatte, sobald er die Spule in seiner Hand halte. Nachdem er die Spule aufgenommen hatte, rief er: „Lass los!" Der Drachen stieg, wie von Geisterhand gezogen, ohne nach links oder rechts auszuscheren in die Höhe und zog den wunderschönen langen, bunten Schwanz nach. Es war ein gutes Gefühl und ein wunderschöner Anblick und wir konnten uns kaum sattsehen.

Mittlerweile hatte der Wind etwas zugenommen und der Drachen stieg höher und höher und wedelte dabei leicht mit dem Schwanz. Nach ein paar Minuten sagte Vater, ich solle nun mal die Spule selbst in die Hand nehmen und sie ja gut halten! Das tat ich dann auch und war ganz überrascht, mit welcher Kraft der Drachen an der Schnur gezogen hat. Ich musste mit aller Kraft ziehen, um ihn halten zu können. Vater ließ sicherheitshalber die Schnur nie ganz los, damit wir den Drachen wieder runterholen konnten. Er war mit seinem Werk sichtlich zufrieden und nach etwa einer halben Stunde begannen wir damit, die Drachenschnur wieder einzuholen und aufzuspulen. Vater zog den Drachen langsam herunter und ich spulte die Drachenschnur auf. Der Drachen gehörte zwar mir, aber ich wäre damals noch gar nicht in der Lage gewesen, ihn alleine, ohne die Hilfe meines Vaters, steigen zu lassen.

Irgendwann im Laufe des Herbstes – ich weiß noch genau, wie es passiert ist – ist dann der Flugdrachen beim Herunterholen in eine Windbö geraten und im Geäst eines Baumes hängen geblieben. Wir hatten keine Chance, ihn aus dem Blättergewirr zu befreien, und mussten die Drachenschnur kappen. Noch Monate später konnte ich einen Rest des Skeletts aus Schilfrohr im Geäst des Baumes sehen.

In diesem Zusammenhang fällt mir noch ein kleiner Sketch ein, der zeigen soll, dass Vater durchaus auch Sinn für Humor gehabt hat. Es ist schon mal vorgekommen, dass wir ab und zu ein befreundetes Ehepaar aus der Glaubensgemeinschaft der Zeugen Jehovas zu Besuch gehabt haben. Die Frau hat Anni und der Mann Walter geheißen. Mutter hat die Leute bekocht und es wurde auch das eine oder andere Glas Wein dazu getrunken. Im Lauf des Abends zu fortgeschrittener Stunde war es dann soweit. Vater stand auf, nahm einen Stuhl, stellte ihn in die Mitte der Küche und bat Anni, auf den Stuhl zu steigen. Dann gab er ihr eine Schnur in die Hand und bat Walter, das andere Ende der Schnur zu halten. Nun fragte er die beiden – man konnte ihm die Vorfreude ansehen – wie diese Vorstellung wohl zu interpretieren sei. Sie schauten einigermaßen verdutzt aus der Wäsche, wie schon etliche Paare vor ihnen und hatten natürlich keine Antwort parat. Daraufhin sagte Vater: „Walter lässt seinen Drachen steigen!" Auch das war Vater.

Meine Großmutter „Äla"

Äla, meine Großmutter väterlicherseits, Jahrgang 1890, war eine etwas übergewichtige und behäbige Frau mit ziemlich trockenem Humor. Vater kam wieder einmal vom Jassen mit ihr nach Hause und erzählte uns lachend, er habe sie im ganzen Haus gesucht und sie schließlich in ihrem Garten wie ein Maikäfer auf dem Rücken liegend, gefunden. Sie habe vergeblich versucht, wieder auf die Beine zu kommen, nachdem sie hingefallen war. Äla war schon lange verwitwet, lebte allein, ging kaum einmal aus dem Haus und vertrieb sich die Zeit mit dem Lesen von Arztromanen und mit Karten spielen. Die Besorgungen für sie erledigte ihre jüngste Tochter, meine Lieblingstante Nelde. Zum Kartenspielen war mein Vater mindestens dreimal die Woche bei ihr zu Besuch. Ich glaube, auch wenn er sie nachts um drei zum Kartenspielen geweckt hätte – sie wäre sofort dabei gewesen!

„Jassen" heißt das in unserer Region bekannteste Kartenspiel. Äla hat es mir beigebracht, sobald ich zu Zählen imstande war. Sie brachte viel Geduld auf und lehrte mich im Laufe der Zeit alle Finessen dieses Spiels, wahrscheinlich mit dem Hintergedanken, neben meinem Vater möglichst bald noch einen zweiten, ernst zu nehmenden Spieler am Tisch zu haben. Diese Konstellation ermöglichte natürlich interessantere Varianten als das Kartenspiel zu zweit. Damit ich möglichst oft kommen sollte, steckte sie mir immer Taschengeld zu und das nicht zu knapp! Sie brachte mich dadurch recht oft in eine unangenehme Zwickmühle, weil ich immer wieder mal zu entscheiden hatte, ob ich lieber mit meinen Kumpels spielen oder „frisches" Taschengeld abholen solle.

Äla – so wurde sie von allen genannt – bewohnte bis zu ihrem Tod ihr altes Bauernhaus, in dem schon mein Vater mit seinen fünf Geschwistern aufgewachsen war. Alles, was man früher zum Betrieb der Landwirtschaft benötigt hatte, war schon längst ausgeräumt worden. Die Tenne und der angebaute Schuppen standen leer und sind von niemandem mehr benutzt worden. Meinen Großvater väterlicherseits habe ich nie kennengelernt, er ist lange vor meiner Geburt gestorben. Zu den beiden Brüdern meines Vaters, meinen beiden Onkeln Franz und Ede, hatte ich so gut wie keinen Kontakt, was wohl an meinem Vater gelegen haben muss, er war nämlich der Jüngste der Buben. Vater kam viel besser mit seinen drei Schwestern, also meinen Tanten aus. Die älteste von ihnen, Kathi, die wir „Gota" genannt haben, war zu meiner Taufpatin bestimmt worden und an die zweitälteste, Thilda, kann ich mich vor allem deshalb erinnern, weil sie eine sehr laute, raue Stimme hatte, gerne lachte und beim Lachen jedes Mal beinahe kollabierte. Vaters jüngste Schwester Nelde, wurde meine Lieblingstante und ist das auch bis zu ihrem Tod geblieben. Sie ist immerhin neunzig Jahre alt geworden und ich habe sie bis an ihr Lebensende häufig besucht.

Der Ferialpraktikant

Meine Karriere als Ferialpraktikant begann als nicht ganz Zwölfjähriger, also nachdem ich schon in die Hauptschule aufgestiegen war. Als im Dezember 1947 Geborener war ich im September 1955 eingeschult worden. Ich hatte gerade einmal mein erstes Jahr in der Hauptschule mit lauter Einsen beendet und freute mich wie jedes Jahr auf die endlos lang scheinenden Sommerferien. Eigentlich wollte ich so schnell wie möglich von meiner Mutter nach Mäder zu meinen Großeltern gebracht werden. Mutter meinte aber, es wäre doch gut, wenn ich zuerst ein wenig Erfahrung im Lager des „Konsum" sammeln würde, und meinte noch, wenn ich wenigstens zwei Wochen dort arbeitete, könnte ich ein wenig Taschengeld verdienen. Offensichtlich kannte sie dort jemanden, der bereit war, mich als Risikofaktor einzukalkulieren und dafür ein paar Schillinge zu opfern. Der „Konsum" war, wie ich meine, gewissermaßen eine Vorstufe der heutigen Supermärkte.

Sie musste mich nicht lange überreden –ich war gleich einverstanden. Mutter nahm mich noch am gleichen Tag zum Einkaufen mit und stellte mich dem Marktleiter vor, der sie offensichtlich recht gut gekannt haben muss. Mir schien, als hätte er mich bereits erwartet. Gut möglich, dass das Ganze ein abgekartetes Spiel und alles bereits vorbesprochen gewesen ist! Wie auch immer, ich habe mich bereits auf das bevorstehende Taschengeld gefreut, auch wenn ich noch nichts davon in Händen gehabt habe. Es war immerhin mein allererster Ferialjob.

Nachdem sich Mutter verabschiedet hatte, führte mich der Marktleiter ins Lager und machte mich mit dem dort arbeitenden Lehrling bekannt. Das war ein lustiger und immer zu Späßen aufgelegter Kerl. Er zeigte mir, wie man die in großen Kartons angelieferten Waren auspackte und in die Regale im Laden einsortierte, wenn sie dort auszugehen drohten. Im Lager roch es immer nach allerhand verschiedenen Dingen. Wir hatten den ganzen Tag unglaublich viel Zeit und überhaupt keinen Stress. Der Marktleiter kümmerte sich eigentlich nie um uns. Weil er immer sehr beschäftigt war und gerne und viel mit den Kunden redete, kam er fast nie ins Lager.

Ich kann mich noch gut an die Dummheiten erinnern, die der Lehrling und ich beinahe jeden Tag gemacht haben. Ein beliebtes Spiel war zum Beispiel das Klorollenwerfen. Klorollen waren etwas, das es bei uns zu Hause noch nicht gegeben hat und die ich, wenn er mir eine nachgeschmissen hat, natürlich postwendend zurückgeworfen habe. Manchmal ist auch eine aufgegangen und das war dann wie im Karneval. Im Lager stand immer eine Anzahl hölzerner Getränkekisten – Harasse genannt – in denen die mit Sodawasser gefüllten Siphonflaschen angeliefert und dann gestapelt wurden. Was hatten wir für einen Spaß, wenn wir uns gegenseitig mit Sodawasser angespritzt haben! Die Flüssigkeit kam mit solchem Druck aus den Flaschen, dass man ein Feuer damit hätte löschen können.

Mein Praktikum im „Konsum" war wie vereinbart nach zwei Wochen abgeschlossen. Wie man heute weiß, ist der „Konsum" viele Jahre später in die Insolvenz geschlittert. Daran kann ich aber auf keinen Fall schuld gewesen sein, auch wenn ich zugeben muss, dass die von uns begangenen Dummheiten sicher nicht der Gewinnmaximierung gedient haben. Wer weiß, ob ich, wäre das nicht passiert, in späteren Jahren nicht doch noch eine Karriere als Marktleiter beim „Konsum" ins Auge gefasst hätte.

Im nächsten Jahr nach Ferienbeginn mit knapp dreizehn Jahren und mit leeren Taschen, weil ich das im „Konsum" erwirtschaftete Taschengeld bereits sinnvoll in alle möglichen Vorhaben investiert hatte, war es wieder einmal so weit. Diesmal besorgte mir mein Vater in der Schlosserei in unserer Nachbarschaft Arbeit für zwei Wochen.

Wir hatten in unserer unmittelbaren Nachbarschaft zwei Schlossereien. Der Chef dieses Betriebes hatte Gott sei Dank in seinem Vorgarten keine Birnenbäumchen, die mein kleiner Bruder hätte roden können. Als ich am nächsten Tag zur Arbeit erschienen bin, hat mich einer der Gesellen gleich in der Früh zu einem noch im Bau befindlichen Kiesschiff mitgenommen. Der bereits fertiggestellte stählerne Rumpf ist auf einer Helling unweit des Zollhäuschens und nahe am Hafen gelegen, um das Schiff nach seiner Fertigstellung einwassern zu können. Der Bauch des Kiesschiffs wartete nur noch darauf, innen und außen mit Rostschutzfarbe angestrichen zu werden.

Übrigens, das vorhin erwähnte Zollhäuschen war ein kleines, etwa zwei Meter im Quadrat großes, schon ziemlich abgewettertes ebenerdiges Häuschen aus Holz mit Pyramidendach. Die Zöllner konnten dort drin Pause machen, wenn sie im Nachtdienst auf Streife gewesen sind. Auch tagsüber ist es immer wieder mal aufgesucht worden. Ich bin öfter mal mit Vater drin gesessen, wenn er Dienst gehabt hat. Im Inneren war es mit einer Bank und einem Tisch ausgestattet und in einem kleinen Kanonenofen konnte man im Winter Feuer machen. Dann war es richtig gemütlich. An jeder Wand gab es ein kleines Fenster, damit man immer einen Blick auf den Hafen hatte. Unweit davon lag das Zollboot „Rhein" vertäut, immer zum Auslaufen bereit.

Zurück an die Arbeit im Kiesschiff. Die Farbe stand in großen Kübeln bereit und wurde zum Streichen in Dosen abgefüllt. Sie war orangerot und stank fürchterlich. Später habe ich erfahren, dass es sich dabei um „Minium" gehandelt hat und dass das darin enthaltene Bleioxid giftig gewesen ist. Jedenfalls war ich an einem heißen Sommertag im Bauch des Schiffes mit Pinsel und Farbe am Streichen, als mir plötzlich übel wurde. Im Schiff hatte es wahrscheinlich an die 40 Grad, weil die Sonne am späten Vormittag schon sehr hoch stand und von außen auf das Blech brannte. Ich brauchte dringend frische Luft und konnte gerade noch früh genug rausklettern. Ich weiß nicht, wie die Sache ausgegangen wäre, wenn ich das nicht mehr geschafft hätte. Der auf dem Deck des Kiesschiffes arbeitende Geselle war sichtlich erschrocken, als er mich herausklettern sah, und schickte mich gleich nach Hause, damit ich mich erholen konnte. Er meinte noch, dass ich für den Rest des Tages nicht mehr kommen müsse und erst am nächsten Tag wieder antreten solle. Nachdem mich meine Eltern mit kreidebleichem Gesicht gesehen und mitbekommen hatten, was geschehen war, meinten sie, dass es wohl besser sei, wenn ich den Job so rasch wie möglich an den Nagel hinge und die Ferien bei meinen Großeltern in Mäder anträte.

In den folgenden beiden Sommern durfte ich jeweils drei Wochen auf einem Sägewerk in unserer Nachbarschaft arbeiten. Das hat mir viel Freude gemacht. Ich konnte zeigen, dass ich zu gebrauchen war und auch, dass ich Lust am Arbeiten hatte. Ich war handwerklich recht geschickt und durfte bald mit den Erwachsenen in der Zimmerei und im Holzlager mitarbeiten. So konnte ich wieder ein bisschen Taschengeld verdienen.

Es war natürlich klar und selbstverständlich, dass man mich gelegentlich angehalten hat, auch die dreckigen und unangenehmen Arbeiten zu tun. Dazu gehörte vor allem, wenn ich die Grube unter der Gattersäge, dem Vollgatter, in der sich das Sägemehl ansammelte, das beim Sägen der Baumstämme hinunterfiel, ausräumen musste. Diese Arbeit war nicht sonderlich beliebt, weil es in der Grube für einen Erwachsenen ziemlich eng war. Da kam ich als schlanker Bub gerade wie gerufen!

Der Vollgatter war eine mehrere Tonnen schwere Sägeeinrichtung, in die man verstellbare Sägeblätter einspannen konnte. Die entrindeten Stämme wurden durchgeschoben, um daraus Dachlatten, Bretter oder Kanthölzer in den gewünschten Stärken zu sägen. Vom Holzlager rollte man die Stämme auf eine Lore und dann wurden sie zum Vollgatter vorgeschoben. Von der Lore rollte man den ersten auf einen Schlitten und fixierte ihn mit starken Spannvorrichtungen, damit er nicht verrutschen konnte. Nach einer letzten Kontrolle startete der Säger die Maschine und die Sägeblätter begannen sich auf und ab zu bewegen. Man konnte gut spüren, wie der Boden gleich zu vibrieren angefangen hat. Gleichzeitig setzte sich der Schlitten mit dem Baumstamm Richtung Vollgatter in Bewegung. Sobald die Sägeblätter sich in den Stamm zu fressen begannen, konnte man dieses typische Geräusch hören und der intensive Geruch frisch geschnittenen Holzes stieg einem sofort in die Nase. Ich konnte nie genug davon kriegen. Vor allem den Duft von frischem Baumharz habe ich geliebt.

So eine ungeliebte, weil ziemlich schwere Arbeit war zum Beispiel auch das Entrinden der Stämme. Mir schien es manchmal, dass sie sich dagegen wehren wollten, von uns geschält zu werden, und sich extra schwer gemacht haben, wenn wir sie umdrehen mussten, um an die Rinde auf der unteren Seite zu kommen. Aber schlussendlich lag dann doch jeder Baum entrindet da und wartete darauf, auf irgendeinem Dachstuhl oder einer Fassade als Kantholz, Dachlatte, Schirmbrett, Firstpfette oder Dachsparren seinen Dienst zu tun.

Das beim Sägen der Baumstämme reichlich anfallende Sägemehl fiel, wie schon gesagt während des Sägevorganges in eine Grube unter dem Vollgatter. Von Zeit zu Zeit musste diese Grube geleert werden. Zu dieser Arbeit ließ man mich in die Grube hinunterklettern. Das immer etwas feuchte und deshalb oft recht schwere Sägemehl schaufelte ich in Körbe, die von einem Arbeiter hinaufgezogen wurden. Das war recht harte Arbeit, aber sie musste eben auch getan werden. Dieses Sägemehl ist nicht etwa entsorgt worden, ganz im Gegenteil. Der Betreiber des Sägewerks hat es in einer Halle getrocknet und verkauft.

In den 1950er-Jahren hatte man noch in manchen Wohnungen spezielle Öfen, in denen man statt Holz oder Kohle Sägemehl zum Heizen verwendet hat. Ich kann mich gut an eine Familie im Zollamt erinnern, die das auch noch so gemacht hat. Das Feuer brannte in einem schwarzen Kessel aus dickem Eisenblech, den man in der Küche auf den Herd gestellt hat. Bevor man mit dem Heizen beginnen konnte, musste der Kessel mit Sägemehl gefüllt werden. Dabei durfte man das Sägemehl nicht einfach hineinleeren, sondern es musste in mehreren Lagen um einen Kern aus Buchenholz gekonnt und mit Gefühl angedrückt werden. Sobald der Kessel gefüllt gewesen ist, hat man den Kern mit einer Drehbewegung vorsichtig herausgezogen. Damit hatte man ein „Zugloch" geschaffen. Dann wurde der Kessel mit einem Deckel verschlossen. Nun zündete man einen Span an, hielt ihn ins Feuerloch am Fuß des Kessels und wartete, bis das Sägemehl zu glimmen begann. Das war eine ziemlich heikle Tätigkeit und erforderte einige Routine. War das Sägemehl zu fest angedrückt worden, bekam es zu wenig Luft und begann nicht richtig zu glimmen. Zu locker eingebrachtes Sägemehl fiel in sich zusammen und der Holzspan erlosch gleich – oder es fing Feuer und begann zu brennen. Dann war die ganze Vorbereitung umsonst gewesen. Man musste alles ausräumen und wieder von vorne beginnen. Diese Art zu Heizen erforderte viel Geduld und Sachverstand und war auch nicht ganz ungefährlich!

Das Arbeiten im Sägewerk und in der Zimmerei konnte auch recht anstrengend sein. Aber selbst wenn das Wetter schlecht war, bin ich froh gewesen, wenn mich die Zimmerleute mit auf die Baustellen genommen haben und ich dort mit anpacken durfte. Manchmal machten die Gesellen sich einen Spaß mit mir. Sie ließen mich zum Beispiel Glaswolle in alle Ritzen und Spalten unterm Dachstuhl stopfen. Mit Glaswolle wurden damals häufig die Dachstühle der Neubauten isoliert, um eine möglichst gute Wärmedämmung zu erreichen. Nachdem ich meine Arbeit getan hatte, mussten meine Kollegen nur noch die ganzen Glaswollmatten zwischen den Sparren und auf dem Boden aufbringen. Meinen Job habe ich wie immer sehr ernst genommen und gewissenhaft erledigt.

Auf den Dachböden war es im Sommer, wenn wir nicht gerade Regenwetter hatten, immer sehr heiß. Und was ich nicht wusste und mir auch keiner gesagt hatte, war, dass sich aus der Glaswolle, wenn man sie allzu sorglos in alle Ritzen stopfte, Millionen feinster Fäserchen selbstständig machten und in die Luft entwichen. Diese hauchdünnen Glasfäserchen setzten sich dann auf der schweißnassen Haut unter der Arbeitskleidung fest und lösten einen irrsinnigen Juckreiz aus. Nach der Arbeit zu Hause angekommen habe ich mir als Erstes die Kleider vom Leib gerissen und die Badehose angezogen. Dann bin ich über die Straße gerannt und kopfüber in den See gesprungen. An einer geschützten Stelle zog ich mir auch die Badehose aus und versuchte im Wasser auch noch die letzten Glasfäserchen loszuwerden. Nach etwa einer halben Stunde war der Spuk dann Gott sei Dank vorbei. Meine Haut war zwar immer noch stark gerötet, aber es juckte kaum noch. Am nächsten Tag war ich auf jeden Fall wieder bei der Arbeit. Meine Kollegen fragten mich mit einem Grinsen im Gesicht, ob ich gut geschlafen habe und bereit sei, mit den Dämmarbeiten weiterzumachen. Das habe ich natürlich getan, aber mit viel mehr Umsicht.

Mein Arbeitstag auf der Säge dauerte von sieben Uhr in der Früh bis Mittag und von dreizehn Uhr bis abends um sechs. Das waren täglich zehn Stunden. Meistens erlaubte mir der Vorarbeiter, auch am Samstagvormittag zu kommen. Dann hatte ich eine 55-Stunden-Woche und war so richtig zufrieden. Jeden Vormittag um neun Uhr und nachmittags um vier Uhr machten wir eine Pause. Zur Pause am Vormittag schickten mich die Kollegen in die Metzgerei in der Nachbarschaft, um Leberkäse oder Landjäger zu besorgen. Das Gefühl, im Kreis der Kollegen ein Paar Landjäger mit Brot verspeisen zu können und als Bub dabei sein zu dürfen, wenn sie vom einen oder anderen Spaß berichtet haben, empfand ich immer als etwas ganz Besonderes. Ich gehörte dazu und habe mich wie ein Erwachsener gefühlt. Bis auf einen dieser Arbeiter lebt heute keiner mehr.

Rinaldos Unfall

Zum Sägewerk gehörte auch ein großer Platz zum Lagern von bereits geschnittenem Holz und der von der Rinde befreiten Baumstämme. Die Stämme lagen parallel zu einer Gleisanlage mit einer flachen Lore ohne Seitenwände, auf der zwei Stämme Platz hatten und zur Gattersäge transportiert werden konnten. Ein Schild auf dem Zugang zum Lagerplatz wies darauf hin, dass das Betreten des Platzes für Unbefugte nicht erlaubt sei.

An einem Sonntagnachmittag beschlossen wir Spitzbuben wieder einmal etwas Verbotenes zu tun und machten uns mit ein paar Spielkameraden auf den Weg zum Holzlagerplatz über der Straße. Die Lore hatte immerhin ein Gewicht von mehr als hundert Kilo und stand unbeladen auf der Gleisanlage. Zu dritt oder viert schafften wir es, sie anzuschieben. Nachdem sie Tempo aufgenommen und Schwung bekommen hatte, sprangen wir auf und konnten ein paar Meter damit fahren. Sobald sie zum Stehen gekommen war, begann das Spiel von vorne und wir schoben die Lore wieder zurück in die entgegengesetzte Richtung. Mein Bruder durfte meistens darauf sitzen bleiben, während wir übrigen Kinder von Neuem zu schieben begannen und Tempo machten. So vergnügten wir uns vielleicht eine halbe Stunde, bis es schließlich passiert ist.

Die parallel zur Gleisanlage gestapelten Baumstämme lagen oft so nah am Gleiskörper, dass zwischen Lore und Stamm gerade mal eine Handbreit Platz war. Wir mussten also sehr gut aufpassen, wenn wir auf die Lore gehüpft sind und sie mit uns Kindern in ziemlichem Tempo an den Stämmen vorbeigefahren ist! Mein kleiner Bruder war bei einer derartigen Fahrt zu sorglos und hat seine Beine nicht früh genug hochgezogen. Beim Vorbeifahren geriet er mit seinem rechten Unterschenkel zwischen die Lore und einen Baumstamm und wurde eingeklemmt. Der Aufprall war Gott sei Dank so stark, dass die Lore aus den Schienen geworfen worden ist. Wäre es nicht dazu gekommen, hätten wir sie, um ihn zu befreien, zuerst von den Schienen heben müssen und ich bin mir nicht sicher, ob wir das geschafft hätten.

Ich höre noch heute, wie er aufgeschrien hat, als wir ihm beim Aufstehen helfen wollten. Man konnte gleich sehen, dass er unter seinem Strumpf, der an seinem Straps befestigt war, stark geblutet hat, weil das Blut regelrecht herausquoll.

Von diesem grauenhaften System „Straps", unter dem wir Buben manchmal zu leiden hatten, wird an anderer Stelle berichtet.

Wie ich dann später erfahren habe, hatte er einen offenen Unterschenkelbruch erlitten. Eines von uns Kindern, ich weiß nicht mehr, wer das war, klingelte unseren zwei Häuser weiter wohnenden Hausarzt heraus, während wir anderen bei meinem Bruder gewartet haben. Mittlerweile war auch der Sägewerksbetreiber auf den Platz gerannt gekommen und meine Mutter musste ebenfalls Wind davon bekommen haben. Jedenfalls luden der Arzt und der Sägewerksbetreiber meinen leise wimmernden Bruder vorsichtig in den Fonds des Autos, mit dem der Sägewerksbetreiber angefahren kam und meine Mutter durfte mit ins Krankenhaus fahren. Ein Rettungsfahrzeug brauchten wir nicht, weil der Sägewerksbesitzer selber ein Auto hatte. So endete für uns alle ein ganz und gar nicht fröhlicher Sonntagnachmittag.

Woran ich mich noch sehr gut erinnern kann, ist, dass der Besitzer des Sägewerks meinen Bruder zwei Wochen später wieder vom Krankenhaus abgeholt und nach Hause gebracht hat. Der war ganz stolz darauf, im Auto des Sägewerksbesitzers gefahren zu werden und natürlich auch auf seinen schneeweißen Gipsverband, um den wir ihn alle beneidet haben und auf dem die Namen der Krankenschwestern, von denen er versorgt worden ist, verzeichnet gewesen sind. So eine Autofahrt war damals für Leute, wie wir es waren, noch etwas ganz besonderes – es handelte sich immerhin um einen Borgward „Isabella" – und von der Schokolade, die der Sägewerksbetreiber Rinaldo nach seinem Spitalaufenthalt geschenkt hat, habe ich dann großzügigerweise auch eine Rippe abbekommen. So endete diese Geschichte schließlich doch noch zur Zufriedenheit aller.

Ich denke, dass an dieser Stelle noch zwei Begebenheiten Platz haben, die meinen kleinen Bruder betreffen. Bei der ersten handelt es sich um eine Geschichte, die sich bei unserem Zahnarzt abgespielt hat, dessen Praxis nur ein paar Häuser von uns entfernt war.

Einen Termin beim Zahnarzt zu bekommen war schon zu damaligen Zeiten nicht einfach. Während Mutter und Vater ihren Zahnarzt, der in Wirklichkeit eine Frau war, in Bregenz hatten, handelte es sich beim Zahnarzt bei uns um die Ecke um einen Mann, der für sein sich in Grenzen haltendes Mitgefühl bekannt gewesen ist. Natürlich machte es meiner Mutter weniger Umstände für meinen Bruder beim Zahnarzt in der Nachbarschaft nach einem Termin zu fragen, als mit ihm nach Bregenz zu fahren.

Die Untersuchung beim Zahnarzt ergab schließlich, dass mein Bruder auf jeden Fall damit zu rechnen hatte, sein Problem nicht in einer einzigen Sitzung gelöst zu bekommen. Diese Aussichten bewirkten bei ihm, dass er sich gleich nach Beginn der Behandlung aus der Umklammerung der Zahnarztassistentin löste und ohne sich zu verabschieden das Weite gesucht hat. Nachdem Mutter sich Sorgen zu machen begann, weil sie ihn stundenlang vergeblich gesucht hatte, kam er dann, Gott sei Dank zum Abendessen nach Hause. Soweit ich mich noch erinnern kann, konnte Mutter meinen Bruder dann doch noch dazu bewegen, die Behandlung an einem der folgenden Tage bei der Zahnärztin in Bregenz fortzusetzen.

Den Zahnarzt in unserer Nachbarschaft würdigte er keines Blickes mehr und der konnte auch von Glück sagen, dass mein Bruder nie auf die Idee gekommen ist, aus Rache seinen großen dunkelgrünen Pkw der Marke „Opel Kapitän" mit einem 80er-Nagel zu tätowieren!

Die zweite Geschichte hat sich an einem sonnigen, aber sehr kalten Wintertag zugetragen und ist doch etwas schwerwiegenderer Natur. Mein Bruder hatte, so wie wir alle auch, immer viel am Hafen zu tun und kannte alle Erdhaufen und Löcher so wie wir anderen auch. Und so wie wir alle, war er auch für jede Dummheit zu haben und immer zur Stelle, wenn es um einen Streich gegangen ist.

Er und ein Kumpel aus dem Zollamt, der jüngere Bruder des „Sardinendosenspenders", waren wieder einmal am Hafen unterwegs und beobachteten zwei Mädchen aus einer nahe gelegenen Wohnsiedlung, die sich unterhalb der Kaimauer auf dem trocken gefallenen Uferstreifen zu schaffen machten. Im Winter, wenn der See seinen niedrigsten Stand erreicht hat, geht das Wasser zurück und das Ufer fällt teilweise trocken. Es treten Stellen zutage, die den ganzen Sommer über unter Wasser stehen. An solchen Stellen kann man im Winter, wenn man Glück hat, Dinge finden, die während des Sommers beim Betreten oder Verlassen eines Bootes ins Wasser gefallen sind und die vielleicht noch zu gebrauchen wären. Ich selbst habe auf diese Weise auch schon mal eine Münze gefunden.

Ich weiß nicht, wer von den beiden auf die verrückte Idee gekommen ist, sich anzuschleichen und den in die Suche vertieften Mädchen von der Kaimauer aus auf den Kopf zu pinkeln! Auf jeden Fall nahm jeder der Buben ein Mädchen aufs Korn und scheint sein Ziel auch getroffen zu haben.

Es ging nicht lange und es kam für meine Mutter, wie es schon so oft gekommen war. Die aufgebrachte Mutter der beiden Mädchen klingelte bald darauf mit Nachdruck an unserer Haustüre. Wie hätte Mutter nun reagieren sollen? Sie tat, was sie routinemäßig in solchen Fällen immer tat und versuchte die Frau zu beschwichtigen, indem sie sie zuallererst zu ihren beiden braven und klugen Töchtern beglückwünschte. Gleichzeitig versuchte sie die Frau ins Boot zu holen, indem sie mit säuerlicher Miene und Hilflosigkeit vortäuschend um Vergebung und Verständnis gebeten hat. Nachdem ihr die zornige Mutter ausgiebig die Leviten gelesen hatte und das Donnerwetter vor-

bei gewesen ist, war fürs Erste wieder Ruhe einge-
kehrt und der Alltag nahm seinen Lauf.

Gegessen war das Ganze natürlich noch nicht.
Auch diese Geschichte war wieder einmal ein Fall
fürs Strafregister. Mir scheint, dass wir beiden Buben
trotz unseres Altersunterschieds wirklich ein Auge
drauf hatten, immer im Wettbewerb zu bleiben, wenn
es um Lausbubenstreiche gegangen ist.

„Blöckla" oder Stammhüpfen

Wenn ich unser Treiben Revue passieren lasse, fällt mir ein, dass wir damals im Ort drei Sägewerksbetriebe hatten. In zweien von ihnen wurden die auf ihre Verarbeitung wartenden und bereits entrindeten Stämme nicht wie zuvor beschrieben auf einem Holzlagerplatz gelagert, sondern direkt am Ufer im See oder in eigens dafür gebauten großen Becken mit Verbindung zum See. Diese Art der Lagerung muss sich wohl auf die Qualität des Holzes ausgewirkt haben. Ich weiß nicht, wozu das sonst gut gewesen wäre.

In einem der Becken, um die es in dieser Geschichte geht, die ich jetzt erzählen möchte, schwammen mit Sicherheit an die hundert Stämme unterschiedlicher Länge und Stärke, wir sagten dazu „Blöcke". Das meiste war Fichtenholz und bereits entrindet, also schön glatt.

Jeder hat vielleicht schon mal von Wasservögeln gehört oder gar schon welche gesehen, die sich auf den schwimmenden Blättern der Wasserpflanzen mit Geschick und großer Behändigkeit von Blatt zu Blatt fortbewegen. Das tun sie auf sehr elegante Weise, indem sie darauf achten, nicht zu lange auf einem

Blatt stehen zu bleiben, um ja nicht mit einem oder gar beiden Beinen abzutauchen oder aus dem Gleichgewicht zu geraten. Genau so haben es auch wir gemacht, aber nicht auf Blättern, sondern auf den im Wasser schwimmenden, sich nur allzu leicht um die eigene Achse drehenden Baumstämmen, die oft von Algen bewachsen und sehr glitschig waren. Diesen „Sport" haben wir „Blöckla" genannt.

Sobald wir uns – wie so oft per „Dschungelfunk" – zusammengefunden hatten und einer von uns zum Verfolger bestimmt worden war, konnte das Spiel beginnen. Jeder suchte sich vor dem Start einen möglichst großen, schweren Stamm aus, um einen sicheren Stand zu haben. Es ging nun darum, von hier aus so schnell es nur ging, an eine entferntere Stelle im Becken zu flüchten. Dabei musste man nur allzu oft auch dünne Stämme nützen, die ganz leicht untertauchten, sobald man auf sie gesprungen war. Das hieß natürlich, dass man in einem Höllentempo über solche Stämme laufen musste, wenn man nicht ins Wasser fallen wollte. Und das konnte auch recht gefährlich werden, weil das Wasser sofort über einem zusammenschlug, wenn man ausgerutscht und zwischen zwei Stämmen ins Wasser gefallen ist. Man musste sehr darauf bedacht sein, sich beim Sturz vom sich drehenden Stamm irgendwie festzuklammern, um nicht unter die Stämme zu geraten.

„Blöckla" war also nicht ganz ungefährlich und

wir konnten das nur dann tun, wenn sich der Sägewerksbetreiber nicht auf dem Betriebsgelände befand.
Die besten Zeiten für uns waren deshalb Sonn- und
Feiertage. Wenn aber der Sägewerksbetreiber oder einer seiner Arbeiter unverhofft aufgetaucht ist, gab es
schon mal eine kräftige Ohrfeige. Manchmal wurden
wir auch mit Steinen beworfen, um uns vom Gelände
zu vertreiben. Die flachen Steine schlitterten in einem
Höllentempo über die nassen Baumstämme, sodass
ihre Flugbahn nur sehr schwer einzuschätzen war.
Da konnte es schon sein, dass man am Unterschenkel
tagelang einen blauen Flecken mit sich herumgetra-
gen hat. Trotz der Gefahren, die dieses Spiel mit sich
brachte, ist mir in meiner ganzen Kindheit nie zu Ohren gekommen, dass es irgendeinen Unfall gegeben
hätte.

Meine Schulzeit - Abenteuer auf dem Schulweg

In die Schule sind wir immer zu Fuß gegangen. Von Ende April bis Anfang September haben wir nie Schuhe getragen und sind immer nur barfuß gelaufen. Alle Kinder in unserer Gegend hatten den gleichen Schulweg wie ich. Er führte am See entlang, vorbei an der Kirche und dem Friedhof. Am linken Straßenrand standen hohe Pappeln und auf der rechten Seite große Kastanienbäume. In meiner Kindheit konnten wir Ende Mai auf unserem Schulweg immer unzählige Maikäfer im Geäst der Kastanienbäume brummen hören. Etliche dieser Zeitgenossen haben mit uns ungewollt und ohne sich dafür anzumelden, am Schulunterricht teilgenommen. Ob sie davon profitiert haben, weiß ich nicht.

Im Frühsommer, sobald die Fische zum Laichen ins Niedrigwasser gekommen waren, tauschten wir unseren Schulweg häufig mit dem flachen Seeufer und wateten im knietiefen Wasser Richtung Schule. Dort, wo der Dorfbach in den See mündete, lagen im seichten Wasser oft viele Baumstämme einer Sägerei, die sich ganz in der Nähe befand. An dieser Stelle mussten wir wieder den Weg zur Straße hochlaufen. Dann konnten wir am Dorfbach entlang gehen und kamen so in die Schule.

Das war immer sehr spannend, weil sich die Schleien und Karpfen bei ihrem Laichgeschäft von uns nicht stören ließen. Sie zogen unbekümmert ihre Kreise um unsere Beine. Wir wussten immer genau, wo sie sich gerade aufhielten, weil man das am Zittern der jungen Schilfhalme gut sehen konnte. Manchmal konnten wir an den Beinen sogar ihre schleimige Haut spüren, so nah sind sie herangekommen. Dazwischen schwammen unzählige Frösche im und auf dem Wasser. Sie quakten überall im Schilf und im überfluteten Gras. Wenn einer Pech hatte, wurde ihm von einer Ringelnatter mitten im Gesang der Garaus gemacht. Dann war es einen Moment lang ganz still. Es war beängstigend zu sehen, wie schnell die Schlange zupacken konnte. Umso mehr Zeit ließ sie sich dann beim Verzehren des Happens. Die Ringelnattern lebten um diese Jahreszeit wahrscheinlich im Überfluss und ihr größtes Problem dürfte wohl die Qual der Wahl gewesen sein. Frösche gab es auf jeden Fall mehr als genug und wir hörten ihr Quaken jeden Abend, sobald es dunkel geworden war bis in unser Schlafzimmer.

Zur Laichzeit der Fische bastelten wir auch Speere aus Eschenholz, an deren Ende wir Schweißdrähte mit einer scharf geschliffenen Spitze befestigt haben.

Dafür eignete sich Vaters Isolierband aus dem Schuppen hervorragend. Ausgerüstet mit diesem Fischereigerät machten wir uns im seichten Wasser auf die Suche nach Fischen, von denen es mehr als genug gegeben hat. Die Fische aber schienen zu ahnen, was wir mit ihnen vorhatten und haben sich natürlich nicht freiwillig gemeldet oder gar vorgedrängt. Wir mussten also recht viel Geduld aufbringen, bis sich der eine oder andere aufspießen ließ. Wenn es gelungen war, einen zu durchbohren, drückten wir den zappelnden Gesellen mit der Speerspitze in den schlammigen Grund und griffen ihn hinter den Kiemen. Nun konnten wir den Speer herausziehen und mit dem Fisch an Land waten. Leider war mein Vater von dieser Sorte Fisch nicht begeistert und hat meine Geschenke verschmäht. Er meinte, er esse lieber Kretzer, Hecht oder Zander statt Schlei und Karpfen. Junge Hechte gab es zwar auch im Flachwasser, aber die waren viel zu schlau, um sich auf diese Weise von uns stechen zu lassen.

An einem sonnigen Tag sah ich einmal auf dem Weg zur Schule im Wasser watend eine tote Ringelnatter im Schilf liegen. Es war ein schönes Exemplar und hatte mit Sicherheit eine Länge von achtzig Zentimetern. Das tote Reptil war ungewöhnlich groß, viel zu interessant und zu schön, um es einfach so herumliegen zu lassen. Und ich hatte im Hinterkopf auch gleich die eine oder andere Idee, was damit anzufangen sei. In der Schule angekommen, nahm ich die Ringelnatter unter meinem Hemd heraus, machte den Deckel meines Schreibpultes auf und legte sie hinein, damit der Lehrer sie nicht sehen konnte. Auf dem Heimweg verstaute ich die Ringelnatter in der Papiertüte, in der zuvor meine Jause gewesen war.

Zurück zu Hause sah ich gleich die spielenden Kinder im Hof. Darunter war auch ein Mädchen, von dem wir alle wussten, dass es sich schrecklich vor Schlangen fürchtete und schon zu schreien begann, wenn man nur davon sprach, was wir natürlich bei jeder sich bietenden Gelegenheit taten. Ich schnappte also die tote Ringelnatter, versteckte sie hinter meinem Rücken und gesellte mich wie üblich zu den anderen Kindern. Als sich das Mädchen gerade bückte und sich am Boden zu schaffen machte, warf ich ihm die Schlange vor die Füße.

Vor dem, was danach kam, bin ich selbst erschrocken! Zuerst schrie das Mädchen beim Aufspringen wie verrückt und gleich darauf erstarrte es regelrecht. Dann schien es nicht mehr atmen zu können, rang nach Luft und wurde ganz blau im Gesicht. Ich bekam große Angst, zog die Kleine ein Stück weit weg von den anderen und schüttelte sie. Kurz darauf begann sie von Neuem zu schreien, riss sich los und rannte davon. Meine tote Ringelnatter hatte die ganze Zeit teilnahmslos am Boden gelegen. Ich nahm sie auf und trug sie in unseren Schuppen, weil ich ja noch etwas mit ihr vorhatte. Dann ging ich nach Hause, um mich vom Schreck zu erholen. Auch diesmal kam, was kommen musste. Mutter ist auf dem Weg in unseren Garten oder beim Wäscheaufhängen der Mutter des Mädchens über den Weg gelaufen und bekam einen weiteren Sachverhalt für unser Strafregister unter die Nase gerieben.

Ich hatte gehört, dass eine tote Schlange, wenn sie ein paar Tage lang in einen großen Ameisenhaufen gelegt wird, von den kleinen Tierchen regelrecht skelettiert werde. Das wollte ich ausprobieren und so trug ich sie am nächsten Tag mit zwei Kumpeln an eine Stelle im Auwald an der Bregenzer Ache, die ein Stück weit oberhalb der Flussmündung gelegen ist. Dort gab es alte Föhren und der Waldboden war ganz anders beschaffen als im Mündungsbereich. Als wir den Ameisenhaufen gefunden hatten, stocherten wir gleich mit einem Ast darin herum. Die aufgebrachten, in ihrer Ruhe gestörten Ameisen krabbelten sofort heraus und wir legten die tote Ringelnatter mitten ins Gewühle. In kürzester Zeit war die Schlange in einem Gewirr von roten Ameisen verschwunden und man konnte nur noch ihre Konturen sehen. Die Ameisen dachten wahrscheinlich, dass es sich bei der toten Schlange um einen Feind handele, der vernichtet werden müsse, und wir machten uns wieder auf den Heimweg. Natürlich nicht, ohne zuvor zu kontrollieren, ob die Ache immer noch in ihrem Bett geflossen ist. Es hätte ja irgendetwas, was noch zu gebrauchen war, angeschwemmt sein können! Wasser hat für uns Buben immer eine unvorstellbare Anziehungskraft gehabt und ich möchte auch heute nicht ohne den See leben. Ich habe mich oft wie Mark Twains Huckleberry Finn und Tom Sawyer in einem gefühlt.

Ein paar Tage später machten wir einen Kontrollgang zum Ameisenhaufen. Die tote Schlange lag tatsächlich noch auf dem Ameisenhaufen und an mehreren Stellen konnte man bereits ihr Gerippe sehen. Aber skelettiert war sie noch lange nicht. Trotzdem war das für uns Beweis genug, dass es klappen werde, wenn wir nur lange genug warteten. Das taten wir dann auch und so sind wir erst nach weiteren zwei oder drei Wochen wieder zum Nachsehen aufgebrochen. Zu unserem Ärger war das Skelett, das wir zu sehen erwarteten, vom Ameisenhaufen verschwunden. Natürlich war unsere Enttäuschung groß, weil wir sofort dachten, dass uns jemand zuvorgekommen war und das Skelett geklaut hatte. Ich weiß jetzt zwar, dass die Ameisen wirklich einen guten Job machen, wenn man ihnen genug Zeit zum Skelettieren einer Schlange lässt, und ich kann mir auch vorstellen, wie die fertige Arbeit ausgesehen hätte, aber selbst gesehen habe ich das Ergebnis leider nie.

Ich glaube mittlerweile zu wissen, warum mir die Sommer während meiner Kindheit so endlos lang vorgekommen sind. Es muss wohl daran gelegen haben, dass wir Langeweile überhaupt nicht gekannt haben. In meinem Revier gab es kaum gekauftes Spielzeug. Aber wir haben mit allem, was uns interessant erschienen ist, gespielt. Und so kann sich wahrscheinlich jeder vorstellen, wie spannend und aufregend auch unser Schulweg gewesen ist. Dass wir manchmal unter Zeitdruck geraten und zu spät in die Schule gekommen sind, wird auch jeder verstehen.

Das erste Schuljahr

An meine Schulzeit erinnere ich mich von einem ganz frühen Ereignis abgesehen, noch immer sehr gerne. Deshalb will ich gleich mit dieser unangenehmen Erfahrung beginnen. Ich war eben erst in der ersten Klasse der Volksschule angekommen. Die meisten meiner Klassenkameraden waren Jahrgang 1948 und damit etwas jünger als ich, zwei oder drei Buben ein Jahr älter, weil sie schon ein- oder zweimal sitzen geblieben waren und die erste Klasse wiederholen mussten. Man konnte schon als Erstklässler unschwer erkennen, weshalb das wohl so war. Diese Buben waren oft frech und vorlaut und brachten mit ihren Blödeleien viel Unruhe in die Klasse.

Jeden Morgen, nachdem wir die Hausschuhe angezogen und die Klasse betreten hatten, mussten wir auf unseren Plätzen so lange stehen bleiben, bis der Lehrer in die Klasse gekommen war. Dann kam von uns auf sein Kommando ein gemeinsames „Grüß Gott, Herr Lehrer!", wir durften uns setzen und der Unterricht konnte beginnen. Schulhefte und Bleistifte kannten wir damals noch nicht. Wir haben mit Griffeln auf Schiefertafeln geschrieben, die einen schmalen Holzrahmen mit einem Loch darin hatten, an dem an einer Schnur ein kleines Schwämmchen befestigt gewesen ist. Mein Vater hatte mir zum Schulanfang aus Lindau schöne bunte Kreidestifte besorgt. Sie sahen aus wie ein Bleistift, hatten aber eine schneeweiße Mine. Mit diesen Stiften konnte man sehr gut schreiben, sobald man sie mit einem Bleistiftspitzer angespitzt hatte. Meine Kreidestifte waren weicher als die von den anderen Kindern benutzten Griffel und lagen besser in der Hand. Ein Schulranzen mit zwei Reservestiften und einem Tüchlein zum Abwischen der auf die Schiefertafel gekritzelten Buchstaben gehörte ebenfalls zu meiner Ausrüstung. Weil ich zum Schreiben bereits Kreidestifte verwenden durfte, brauchte ich zum Reinigen meiner Schiefertafel ein trockenes Tüchlein und kein befeuchtetes Schwämmchen. Ich habe mit großer Begeisterung am Unterricht teilgenommen und mich jeden Tag darauf gefreut, in die Schule zu gehen.

Nach ein oder zwei Stunden machten wir immer eine Pause und der Lehrer schickte uns hinaus auf den Schulhof. An die vielen Kinder unterschiedlichen Alters und aus mehreren Klassen musste ich mich zuerst gewöhnen. Unser Schulhof grenzte auf seiner ganzen Länge an den Dorfbach. Nachdem wir uns ein paar Monate eingelebt und während des Winters aneinander gewöhnt hatten, hörten wir immer ganz neugierig zu, wenn die älteren Schulkinder auf dem Pausenhof von den im Bach lebenden Ungeheuern erzählt haben. Da war von haarigen Tieren mit langen Schwänzen die Rede, von riesigen, hungrigen Fischen aus dem See, die den Bach heraufschwämmen und vielem mehr. Tatsache ist, dass der Bach über und über mit langem Seegras bewachsen und verkrautet war – und der Grund ganz schwarz und schlammig. Deshalb gehörte es zu den ganz großen Mutproben, wenn einer der älteren Schüler sich getraut hatte, barfuß den Bach zu durchwaten.

Der „Tatzen-Lehrer"

War der Unterricht am späteren Vormittag zu Ende, durften wir nicht etwa einfach aus der Klasse laufen. Erst nachdem der Lehrer von uns ein deutliches „Auf Wiedersehn, Herr Lehrer!" gehört hatte, stellte er sich seitlich neben die Klassentüre. Erst dann durften wir wie eine Herde kleiner Schafe an ihm vorbeigehen und die Klasse verlassen, um uns für den Nachhauseweg anzuziehen.

Nun ist es auch vorgekommen, dass dem Lehrer eines der Kinder durch sein unbotmäßiges Verhalten während des Unterrichts aufgefallen war. Es war damit in den Augen des gestrengen Pädagogen straffällig geworden. Dieses Fehlverhalten hatte dann zur Folge, dass der Lehrer das Kind beim Verlassen des Klassenzimmers am Ohr geschnappt und aus der Reihe gezogen hat. Dem Delinquenten befahl er mit versteinerter Miene, sich wieder auf seinen Platz in der Bank zu begeben.

Nachdem alle Kinder draußen waren kam, was immer in diesen Fällen kommen musste. Er befahl den Sträfling zu sich vor sein Pult, holte die etwa ellenlange, fingerdicke Haselrute hervor, befahl dem armen Schüler beide Hände vorzustrecken, die Handflächen nach oben und hieb ihm abwechslungsweise kraftvoll auf die Finger. Solche Schläge nannte man damals „Tatzen". Zog so ein kleiner Sträfling reflexartig seine Hand zurück, um dem Hieb auszuweichen, musste er seine Hände erneut vorstrecken, jetzt aber zur Strafe mit dem Handrücken nach oben. Er bekam noch mal zwei Hiebe auf die Finger, diesmal von der anderen Seite, auf der sich bekanntermaßen die Fingernägel befinden! Das war natürlich sehr viel schmerzhafter und die Hiebe brannten im wahrsten Sinne des Wortes auf den Nägeln. Von den zwei oder drei Repetenten in unserer Klasse war irgendeiner alle paar Tage mal dran.

Irgendwann passierte es, dass ich völlig ahnungslos zusammen mit den anderen Kindern das Klassenzimmer verlassen wollte. Ich war wie vom Blitz getroffen, als mich mein Lehrer ziemlich grob am Ohr packte und aus der Reihe zog. Ich war ein wohlerzogener, guter Schüler, nie vorlaut und bin mir absolut keines Vergehens bewusst gewesen! Noch während ich dachte, es könne sich nur um einen furchtbaren Irrtum handeln, befahl er mich schon zurück in die Bank. Obwohl meine Füße zitterten und ich ganz weiche Knie hatte, hätte ich es nie gewagt, mich hinzusetzen.

Dann kam, was immer gekommen ist. Nachdem alle anderen die Klasse verlassen hatten, zitierte er mich vor sein Pult. Ich musste meine beiden Hände vorstrecken, die Handflächen nach oben und bekam auf jede Handfläche einen Hieb mit der Haselrute, wobei der Lehrer sehr bemüht war, meine Finger zu treffen. So fühlten sich also „Tatzen" an, wie wir die Hiebe damals genannt haben.

Eine Hand zurückzuziehen, wäre für mich nie infrage gekommen, dazu war ich von meinem Vater viel zu sehr zum Gehorsam gedrillt worden. Die Tränen habe ich beim Hinausgehen mit aller Gewalt unterdrückt, obwohl die Hiebe immer noch höllisch geschmerzt haben. Ich wollte auf keinen Fall, dass mich einer meiner Klassenkameraden hätte weinen sehen. Als ich dann in unsere Garderobe kam, sah ich, dass alle schon weg gewesen sind. Nur noch meine Jacke hing am Haken. Jetzt erst brach es aus mir heraus und ich begann zu heulen. Dann rannte ich los, weil ich nicht Gefahr laufen wollte, später als sonst zu Hause anzukommen.

Ich glaube, dass ich vor allem deshalb geheult habe, weil ich ohne erkenntlichen Grund bestraft worden bin und ohne zu wissen, wofür! Ich weiß es bis heute nicht. Der Lehrer hat mir mit keinem Wort gesagt, was ich während des Unterrichts angestellt haben soll.

Mein Vater hätte so etwas nie gemacht! Von dem haben wir immer erfahren, weshalb er uns verprügelte. Aber so war das damals eben. Ich kann mich auch noch gut daran erinnern, dass ich eine gewisse Genugtuung verspürt habe, als ich viele Jahre später vom Ableben dieses Pädagogen erfahren habe.

Diese Art der Bestrafung war damals in allen Klassen der Volksschule bis in die achte Schulstufe gang und gäbe. Es gab Lehrer, die meinten, sich durch besondere Härte beweisen zu müssen. Einen solchen hatte ich auch in der zweiten Klasse der Volksschule. Der hatte seine eigene Methode entwickelt und wendete sie bei seinen manchmal auffälligen Lieblingsschülern vor unser aller Augen mehr als einmal an, wie ich mich noch gut erinnern kann.

Wenn einer dieser Auffälligen wieder einmal fällig war, rief er ihn zu sich vors Pult. Dann stellte er ihn vor uns allen ausgiebig und mit hochrotem Kopf zur Rede. Dabei wurde er immer lauter, vor allem dann, wenn der Delinquent nicht gleich in gebührender Weise vor Angst erstarrt ist. Es gab nämlich unter den erfahreneren Mitschülern, meistens waren es Repetenten, auch so genannte kampferprobte, die Prügel von zu Hause aus gewohnt waren und sich nicht so schnell beeindrucken ließen. Der arme Schüler wurde ziemlich grob an seinen Haaren gepackt, unser Lehrer und Erzieher drückte den Kopf des Sträflings hinunter und klemmte ihn zwischen seine Knie. Dann schnappte er sich das große hölzerne Lineal und schlug damit ein paar Mal mit aller Kraft auf den Hintern des Mitschülers. Anscheinend ist es mit der menschlichen Intelligenz doch nicht allzu weit her, sonst hätte man solche Methoden nicht erst viele Jahre später per Gesetz verbieten müssen!

Das erste Mal Fernsehen

Noch bevor wir mit Vater das erste Mal ins Kino gehen durften, sind wir manchmal von den Eltern eines Mitschülers, der in unserer Straße gewohnt hat, zum Fernsehen eingeladen worden. Das ließ unsere Herzen höherschlagen und hat uns immer große Freude gemacht. Seine Familie gehörte zwar zum Stand der Besseren, was wir aber nie wirklich zu spüren bekamen. Diese Leute haben sich aus meiner kindlichen Sicht völlig normal benommen. Sie und eine weitere Familie hatten bereits einen Schwarz-Weiß-Fernseher, was damals – wenn auch nur für eine kurze Zeitspanne, wie man heute weiß – eine richtige Sensation war. Es ist vorgekommen, dass wir an einem Samstagnachmittag von unserem Schulkameraden zusammengetrommelt wurden und gemeinsam mit ihm „Fury" oder „Lassie" anschauen durften. Zu diesem Zweck hatte seine Mutter mit Harassen und Dielen zwei Bankreihen aufgebaut, auf denen bis zu einem Dutzend Kinder Platz gefunden hat. Es war bemerkenswert, wie ruhig und ordentlich sich plötzlich alle von uns zu benehmen wussten.

Fury und Lassie waren zwei beliebte Fernsehserien, in denen Tiere die Hauptrolle gespielt haben. Fury war ein stolzer schwarzer Hengst mit einem Fell, das immer seidig geglänzt hat. Wenn er wie eine Statue von einem Hügel oder Bergkamm in die Weite der Prärie schaute, hätten wir am liebsten mit ihm getauscht.

Die Hündin Lassie wurde von einem Langhaarcollie gespielt und sie hätte es in Sachen Intelligenz jederzeit mit jedem von uns leicht aufnehmen können. Sie fand aus jeder noch so großen Entfernung mit traumwandlerischer Sicherheit nach Hause und man musste sich wirklich keine Sorgen um sie machen, auch wenn uns das manchmal sehr schwergefallen ist. Weil wir uns immer sehr ruhig und artig verhalten haben, gab es zum Abschied für jeden noch ein sogenanntes „Wiener Zuckerl" – das sind mit Fruchtsirup gefüllte Bonbons, die unglaublich gut geschmeckt haben und dann trollten wir uns wieder.

Auch von der zweiten Familie, die ein paar Häuser weiter zu Hause war, sind wir manchmal zu Fury und Lassie eingeladen worden. Das hat uns natürlich ebenso gut gefallen, auch wenn es dort nie „Wiener Zuckerl" gegeben hat.

Das verkappte Zeichentalent

Erwähnenswert ist auch noch eine Erfahrung, die ich vier Jahre später in der ersten Klasse der Hauptschule gemacht habe. Das war im Zeichenunterricht. Ich hatte schon immer Talent zum Zeichnen mit dem Bleistift und habe mit großer Begeisterung Stunden um Stunden damit verbracht, Dutzende Bögen Zeichenpapier zu verbrauchen. Nicht ganz so gut war ich, sobald ich es mit der Aquarellmalerei versucht habe, wenn ich meinte, meine Zeichnungen mit Wasserfarben verschönern zu müssen.

In der besagten Stunde passierte Folgendes: Wir bearbeiteten im Auftrag unseres Zeichenlehrers das Thema „Bäume im Wind". Das Thema gefiel mir auf Anhieb und ich zeigte gleich mein ganzes Können. Bald hatte ich mit spitzem Bleistift eine Allee aus zerzausten Bäumen gezeichnet, die sich im Wind nur so bogen. Widerwillig begann ich danach damit, meine Zeichnung in ein Aquarell zu verwandeln. Außer blauer Farbe für den Himmel, brauner für die Baumstämme, grüner für die davonfliegenden Blätter und grauschwarzer für die Straße fiel mir nicht viel ein. Den Boden links und rechts der Straße malte ich grünbraun an, damit man nicht glaubte, er sei nur über und über von grünen Blättern bedeckt. Ich war einer der Ersten, die mit dem Thema fertig waren, und überreichte mein Aquarell unserem Lehrer. Der warf einen kurzen Blick auf mein Werk, drückte es mir wieder in die Hand, sagte: „Du kannst das sicher viel besser, versuch es noch mal" und schickte mich zurück auf meinen Platz.

Ich musste also wieder von vorne beginnen. Obwohl ich keine Idee hatte, wie ich etwas Besseres aus diesem Thema hätte machen können, strengte ich mich noch einmal an. Während meines zweiten Versuches bemerkte ich, dass einige meiner Klassenkameraden ihre Blätter schon abgeliefert hatten und bereits mit einem neuen Thema beginnen durften, mit dem auch ich mich viel lieber beschäftigt hätte. Ich gab also Vollgas und beeilte mich, mit den Bäumen im Wind fertig zu werden. Als ich meinte, so weit zu sein und mein Blatt wieder dem Lehrer übergeben hatte, meinte der trocken: „Ich habe dir doch gesagt, dass du das besser kannst, also mach es auch besser!"

Mittlerweile war ich der letzte in der Klasse, der noch immer am alten Thema herumzeichnete und ich war ziemlich frustriert! Plötzlich hatte ich die Lösung vor Augen und fing auch gleich damit an. Ich nahm meinen zweiten Versuch, übermalte ihn komplett mit schwarzer Farbe und warf mein Blatt, noch feucht vom schwarzen Wasser meinem Lehrer aufs

Pult. Vielleicht hätte ich es doch besser etwas vorsichtiger hinlegen sollen. Mein Werk hatte mit seinem Trocknungsprozess noch gar nicht richtig begonnen, bekam ich vom Lehrer schon eine schallende Ohrfeige. Irgendwie musste ich damit gerechnet haben, denn ich war überhaupt nicht überrascht.

Der Lehrer sagte nur recht grimmig zu mir: „Setz dich, jetzt kannst du mit dem neuen Thema anfangen!"

Die Schönheitsoperation

Ein erwähnenswertes Ereignis hat sich ein paar Tage vor Ferienbeginn nach der dritten Klasse der Hauptschule zugetragen. Alle Tests und Prüfungen für die bevorstehenden Zeugnisse hatten wir hinter uns gebracht und ich befand mich mit vier oder fünf Klassenkameraden, die den gleichen Schulweg wie ich hatten, auf dem Nachhauseweg. In unserer Straße hatte der Vater einer Mitschülerin aus der Mädchenklasse damit begonnen, ein Einfamilienhaus zu errichten.

In meiner Kindheit wurden Buben und Mädchen noch streng nach Geschlecht getrennt in separaten Klassen unterrichtet. Als wir noch „jünger" gewesen sind, haben wir auch im Pausenhof streng darauf geachtet, ja keinem Mädchen zu nahe zu kommen. Das hat sich später, als wir etwas „älter" geworden waren, wie von Zauberhand gelenkt, ins Gegenteil verkehrt.

Dieses Einfamilienhaus befand sich in unserer Straße, unweit von meinem Zuhause. Der Rohbau war bereits fertiggestellt, der Dachstuhl aufgerichtet und der Firstbaum angebracht. Wir nützten jede Gelegenheit, um immer dann, wenn die Bautätigkeit gerade eingestellt worden war und keine Arbeiter zu sehen waren, im Rohbau Fangen zu spielen. In unserem Alter war normales Fangenspielen natürlich schon längst Geschichte, aber diese Art Spiel war etwas besonders Herausforderndes.

Der Reiz lag vor allem darin, dass von den fünf oder sechs daran teilnehmenden Schulkollegen einer oder zwei sich nicht getraut haben, in vollem Lauf auf die Fensterbrüstung in der ersten Etage des Rohbaus und von dort auf den darunter liegenden großen Erdhaufen zu springen. Um von der Oberkante der Brüstung hinunter auf den Hügel zu gelangen, musste man etwa zwei- bis zweieinhalb Meter hinunter springen. Zur Vervollständigung des Ganzen muss noch gesagt werden, dass zwischen der Hausmauer und dem Fuß des Erdhaufens sehr viel Bauschutt aus zerbrochenen Mauersteinen und Bauholzresten lag. Für den Verfolgten bedeutete ein solcher Sprung, dass er beste Chancen hatte, seinem Verfolger zu entkommen, wenn der zur Gruppe der Angsthasen gehört hat. Man muss sich auch vorstellen, dass wir auf der Flucht so schnell wir konnten wie von Jagdhunden gehetztes Wild durch die leeren Räume des Rohbaus gerast sind. Sobald man nämlich im ersten Stock angekommen war, sprang man – wie schon gesagt – in vollem Lauf auf die besagte Fensterbrüstung und weiter von der Oberkante der Brüstung hinunter auf den Erdhaufen. Die Mutigeren setzten die Verfolgung fort und sind gleich nachgesprungen. Jeder von uns wusste natürlich genau, wer zu den Mutigen und wer zu den eher benachteiligen Angsthasen gehörte.

An diesem ganz besonderen Tag war es so, dass wir uns auf dem Nachhauseweg von der Schule schnell einig waren, nicht gleich nach Hause zu gehen, sondern noch einen Stopp bei diesem Rohbau einzulegen, um den weiter oben beschriebenen Kick zu erleben. Wir bestimmten nach dem üblichen Verfahren, wer den ersten Jäger abzugeben hatte und los ging es. Nachdem die vorgeschriebene Pause bis zum Start der Verfolgung verstrichen war, begann die Jagd und das Spiel nahm seinen Lauf. Nach etwa einer halben Stunde – es war wohl schon am frühen Nachmittag – legten wir eine kurze Verschnaufpause ein. Nachdem wir uns erholt hatten, rannten wir erneut los und mein Verfolger war einer der sogenannten Angsthasen. Das hieß natürlich, dass ich, um ihm zu entkommen, hinunter springen musste, wenn es mir gelang, vor ihm die Fensterbrüstung in der ersten Etage zu erreichen. So war es dann auch. Ich stand bereits auf der Brüstung, hielt mich an der Fensterlaibung fest und blickte zurück zur Tür. Ich wollte möglichst lange zuwarten, um ihn zu provozieren und erst im letzten Moment springen zu müssen. Erst als er im Hereinstürmen begriffen war, stieß ich mich mit beiden Füßen ab und rutschte dabei aus. Ich stürzte kopfüber und parallel zur Hauswand auf den fast drei

Meter tiefer liegenden Bauschutt mitten hinein in die zerbrochenen Mauersteine. An den Aufprall kann ich mich nicht erinnern, aber als ich mich hochgerappelt hatte, war mir sofort klar, dass ich mir bei diesem Sturz das Genick hätte brechen können. Trotz starker Kopfschmerzen prüfte ich gleich, ob Arme und Beine funktionierten, und war fürs Erste beruhigt. Mein Verfolger hatte natürlich mitbekommen, dass ich von der Fensterbrüstung gestürzt war und sofort alle Schulkameraden zusammengetrommelt. Die standen auch gleich um mich herum und erst als ich ihre Gesichter sah, wusste ich, dass etwas mit mir nicht stimmen konnte.

Ich hielt meinen Kopf und hörte einen von ihnen sagen: „Probiere mal, ob du sie hinüberdrücken kannst!"

Ich verstand nicht, was er damit meinte, aber als ich dann meine Nase berührte, stellte ich fest, dass sie sich nicht mehr dort befand, wo sie vor Kurzem noch gewesen war, sondern unter meinem rechten Auge! Das war auch kein Wunder, denn am Tag darauf ergab der Befund im Spital, dass ich mir bei diesem Sturz einen Nasenbeinbruch mit Nasenmuskelabriss und als Folge daraus eine Nasenknorpelverschiebung zugezogen hatte!

Ich stand also inmitten meiner Schulkollegen, als uns mein Vater, gerade mit seinem Moped von zu Hause kommend, vor dem Rohbau an der Straße ste-

hen sehen hat. Als er bemerkte, dass ich ein Taschentuch vor meinem Gesicht hatte, hielt er kurz an und
fragte mich, was los sei. Ich sagte nur: „Nichts, ich
bin nur hingefallen." Darauf meinte er noch, ich soll
nicht herumlungern und nach Hause gehen, startete
sein Moped und fuhr weiter. Interessanterweise blutete ich kaum aus der Nase, nur die erlittenen Schürfwunden im Gesicht haben leicht geblutet.

Zu Hause angekommen klingelte ich. Mutter
machte die Türe auf und wollte natürlich sofort wissen, was geschehen war. Ich nahm das Taschentuch
vom Gesicht und sah, wie sie schlagartig ganz blass
wurde. Mein erster Gang war zum Spiegel an der
Garderobe und jetzt erschrak auch ich richtig. Es sah
wirklich schlimm aus. Nicht etwa die Schürfwunden,
nein, die schiefe Nase unter meinem rechten Auge
war es! Das war für mich ein solcher Schock, dass
ich schlagartig keine Kopfschmerzen mehr verspürte. Mutter heulte und meinte, sie wolle mit mir gleich
zum Hausarzt gehen, was ich aber nicht wollte, weil
ich mir gleich denken konnte, dass das kein Fall für
den Hausarzt gewesen wäre.

Mittlerweile war Vater zurück und als der sah,
was ich „angerichtet" hatte, sagte er gleich, ich solle
meine Jacke anziehen, er fahre mich sofort mit dem
Moped nach Bregenz ins Sanatorium Mehrerau. So
war es dann auch. Ich setzte mich hinter ihm aufs
Moped und als er mich im Spital abgegeben hatte und

die Aufnahmeformalitäten erledigt waren, meinte er noch, er käme am nächsten Tag wieder, um mir all die Sachen zu bringen, die ich bräuchte. Nachdem ich geröntgt worden war, führte man mich in ein großes Krankenzimmer, in dem schon fünf Insassen untergebracht waren. Das waren alles ältere Männer außer einem etwa zwanzigjährigen jungen Mann.

Irgendwann am nächsten Vormittag tauchte ein großgewachsener Arzt in weißem Kittel auf und setzte sich zu mir ans Bett. Er hatte ein rotes Gesicht und große Hände und war mir nicht besonders sympathisch. Sein Atem roch nach Zigarettenrauch. Nachdem er mich ausgiebig gemustert hatte, wollte er wissen, wie der Unfall passiert war und fragte mich, ob ich gehen könne. Ich bejahte und folgte ihm in ein ziemlich kleines Zimmer mit einer Liege darin. Er zeigte mit dem Finger auf die Liege und sagte, ich solle mich hinlegen. Dann setzte er sich in den Stuhl an seinem Schreibtisch, nahm mein Röntgenbild in die Hand und rollte mit seinem Stuhl zu mir. Jetzt stülpte er sich ein Gerät, das an einem Riemen befestigt war und ein kleines Loch in der Mitte hatte, über die Stirn. Damit schaute er so tief in meine Nase, dass ich befürchten musste, er sei an meinem Gehirn interessiert. Nachdem er noch eine kleine Ewigkeit in meiner Nase herumgestochert hatte, erklärte er mir, dass er da gar nicht viel machen könne, trotzdem wolle er versuchen, meine Nase mithilfe eines Druckverbandes wieder ins Lot zu bringen. Ich hatte keine Ahnung, was er damit meinte. Das sollte sich aber schnell ändern.

Er nahm einen etwa achtzig Zentimeter langen und zwei Zentimeter breiten Gazestreifen und begann, ihn mithilfe einer dicken stumpfen Nadel in mein rechtes, leider Gottes völlig „daneben" liegendes Nasenloch zu stopfen. Er war ziemlich grob und es hat richtig wehgetan. Ich konnte mir überhaupt nicht vorstellen, dass der Streifen in meiner Nase Platz haben sollte. Er schaffte das aber, indem er trotz meiner Schmerzen immer weiter stopfte. Es fühlte sich an, als wolle er mir den Gazestreifen bis ins Gehirn schieben. Schließlich war die Prozedur vorbei und meine Kopfschmerzen stellten sich wieder ein. Wieder in meinem Krankenzimmer angekommen, warteten mein Vater und meine Mutter auf mich und stellten eine große Tasche mit allerlei Zeug ans Fußende meines Bettes. Ich hatte wirklich keine Lust darauf, viel zu reden und so haben sie sich dann recht bald wieder verzogen.

Am Tag darauf – es war bereits mein zweiter Tag im Sanatorium – brachte man mich am späteren Vormittag wieder in den Behandlungsraum des Arztes. Wieder zeigte er auf die Liege und ich wusste, was ich zu tun hatte. Nachdem er mich gefragt hatte, wie es mir gehe, nahm er eine große Pinzette und begann den am Vortag in mein Nasenloch gestopften Gazestreifen wieder herauszuziehen. Auch jetzt war ich wieder der Meinung, dass es weniger grob auch gegangen wäre. Der Streifen war voll von getrocknetem, verkrustetem, mit Nasensekret durchsetztem Blut und ließ sich nicht so leicht entfernen. Als der Arzt den Gazestreifen etwa zur Hälfte herausgezogen hatte, schien es Probleme zu geben und ich hatte das Gefühl, ein Stück Gehirn hinge daran. Irgendwann war auch diese Prozedur vorüber und nachdem er mein Nasenloch gereinigt hatte, stopfte er wieder frische Gaze hinein. So vergingen auch die folgenden Tage. Dann war die erste Woche um und der Arzt konnte trotz der unangenehmen Behandlung keine Besserung feststellen. Es war, als sei nichts passiert. Meine Nase konnte – so schien es jedenfalls – von niemandem überredet werden, wieder an ihren angestammten Platz zurückzukehren, und ich hatte zum ersten Mal in meinem Leben ein seelisches Tief, weil ich natürlich gespürt habe, dass mir dieser HNO-Arzt, so sehr er sich auch bemüht hat, nicht helfen konnte. An diesem Wochenende hatte ich auch keinen Gazestreifen mehr in meine Nase gestopft bekommen.

Am Montagvormittag der neuen Woche war es dann „amtlich". Die Krankenschwester schickte mich gegen zehn Uhr zum Arzt. Den Weg kannte ich. Also ging ich hinauf und klopfte an seine Tür. Er rief mich hinein und sagte mir, ich solle mich auf die Liege setzen. Dann verkündete er mir, dass er keinen Fortschritt sehe und deshalb mit der Behandlung Schluss mache. Er meinte noch, ich solle mich nach meinem achtzehnten Geburtstag wieder bei ihm melden. Erst wenn ich dieses Alter erreicht habe, könne er im Wege einer plastischen Korrektur meine Nase so wiederherstellen, dass ich auch für eine Karriere als Dressman Chancen habe. Aber dafür sei ich jetzt noch zu jung, weil sich meine Knochen noch im Wachstum befänden.

Eigentlich war mir schon auf dem Weg ins Behandlungszimmer des Arztes vollkommen klar, dass ich auf keinen Fall nach Hause gehen würde, bevor meine Nase nicht wieder am rechten Fleck angekommen sei. Ich wollte und konnte mich mit meinem Aussehen nicht abfinden.

Im Nachhinein betrachtet war ich eigentlich erstaunlich ruhig und als der Arzt mit seinem Befund fertig war, sagte ich ihm, dass ich, solange meine Nase nicht wieder dort sei, wo sie hingehöre, nicht nach Hause gehen, nicht mehr in die Schule gehen, nicht mehr mit meinen Kumpels spielen und auch nicht mehr unter die Leute gehen werde. Ich sagte ihm, dass ich jetzt dreizehn Jahre alt sei und dass ich auf keinen Fall fünf Jahre auf eine Schönheitsoperation zu warten gewillt sei.

Ich kann nicht sagen, was ihn dazu bewogen hat, sich ganz abrupt von mir abzuwenden, mit seinem Stuhl in einem Ruck an seinen Schreibtisch zu fahren und den Telefonhörer in die Hand zu nehmen. Auf jeden Fall hörte ich ihn sagen, ich solle sofort in den OP gebracht werden. Es vergingen keine drei Minuten, da stand schon eine Krankenschwester an der Tür und geleitete mich in den OP. Dann ging alles sehr schnell. Ich kann mich nur noch an eine riesige Lampe an der Decke erinnern, die extrem hell gewesen ist und daran, dass mich die OP-Schwester aufgefordert hat, auf den OP-Tisch zu klettern. Ich war wahnsinnig aufgeregt und sah den Arzt an den Tisch treten. Dort packte er mich am Schopf und drehte mich mit einem Ruck um einhundertachtzig Grad herum. Ich hatte mich vor lauter Aufregung mit dem Kopf voraus ans Fußende gelegt.

Viele Leute schätzten diesen Mediziner als sehr guten Arzt, aber er war auch dafür bekannt, ein fürchterlicher Grobian zu sein. Jahre später erzählte mir eine Bekannte, dass sie von ihm einmal an den Mandeln untersucht worden sei. Als sie während der Behandlung herumwürgte, und das noch dazu ziemlich geräuschvoll, soll er richtig ungehalten geworden sein und gemeint haben, wenn sie nicht zusammennehme und mit der „Kotzerei" aufhöre, schicke er sie nach Hause!

Vor lauter Aufregung hatte ich mich also verkehrt auf den OP-Tisch gelegt. Gleich nachdem ich richtig gelegen bin, wurde es ganz still. Ich merkte, dass mir ein Wattebausch auf die Nase gelegt wurde und hörte jemanden von Weitem mit mir sprechen. Als ich dann in meinem Krankenbett aufwachte, war es bereits Nachmittag. Meine Nase schmerzte und mein Gesicht spannte. Mitten im Gesicht hatte ich ein großes Pflaster. Als ich es vorsichtig mit meiner Hand betastete, spürte ich darunter eine große Knolle – das konnte nur meine Nase sein! Zwei Tage später, nachdem das Pflaster entfernt werden konnte, sah ich im Spiegel die schönste Nase der Welt. Blau zwar wie eine Zwetschke und angeschwollen, aber genau dort, wo sie hingehörte – in der Mitte!

Meine Eltern haben sich selbstverständlich ebenso wie ich über das glückliche Ende dieser Geschichte gefreut. Mutter versprach sogar in ihrem Überschwang, mir etwas Neues zum Anziehen zu kaufen. Das war wirklich etwas ganz Besonderes, weil ich in meinem bisherigen Leben immer nur in Kleidern herumgelaufen war, die von mir unbekannten Leuten gekauft, getragen und schließlich verschenkt worden sind oder in solchen die Mutter selbst genäht hatte. Auch das Schuhwerk war fast immer mehr oder weniger abgetragen, bevor wir es ausgetragen haben.

Also durfte ich mit ihr in ein bekanntes Geschäft nach Bregenz fahren und drei Hemden aussuchen: Sie waren knallgelb, knallrot und knallgrün! Wieder zu Hause ging sie mit mir zum Schuster am Ende unserer Straße und ich durfte nagelneue modische Schuhe aussuchen. Mir stach sofort ein Paar schwarzer Schuhe in die Augen, die der damaligen Mode entsprachen: Sie glänzten im Licht und liefen vorne extrem spitz zu. Deswegen waren sie auch drei oder vier Zentimeter länger als mein Fuß, der hätte sonst gar keinen Platz gehabt. Als ich dann daheim angekommen meine Schätze stolz zum Bestaunen auf meinem Bett ausgebreitet hatte, kam sie plötzlich mit einem alten Nadelstreifanzug meines Vaters ins Zimmer. Vater war aus diesem Anzug schon vor Jahren „herausgewachsen", weil er sich, so wie die meisten Menschen mit zunehmendem Alter eher in die Breite als in die Länge entwickelt hatte. Sie meinte, dass ich mir doch aus der Anzughose vom Schneider in unserer Nachbarschaft eine passende Hose machen lassen könnte. Damals trugen einige meiner Kumpel und vor allem die schon etwas älteren, am Sonntag sogenannte „Hamburger Hosen". Das waren Beinkleider, die vom Knie abwärts mit einem mehr oder weniger stark ausgeformten Schlag versehen waren. Manche davon hatten sogar unterhalb des Knies an der Außenseite einen andersfarbigen Zwickel eingenäht. Mein geistiges Auge sah mich schon in einem knallroten Hemd mit spitzen glänzenden Schuhen und solchen Hamburger Hosen am Sonntag am Hafen flanieren! Mutter ermahnte mich noch, als sie mir die Anzughose in die Hand drückte, Vater nichts davon zu erzählen, weil er nicht unbedingt alles wissen müsse!

Also rannte ich so schnell mich meine Füße trugen zum Schneider, der nur ein paar Häuser weiter seine kleine Schneiderei hatte. Ich war zwar noch nie dort gewesen, wusste aber, wo er zu finden war. Nachdem ich ihm die alte Hose übergeben und erklärt hatte, wie die neue aussehen sollte, meinte er, dass er das gerne mache und begann, mit einem Maßband an mir herumzumessen. Alle Messdaten schrieb er sorgfältig in ein kleines Heftchen. Als er fertig war, meinte er noch, ich solle meine Mutter vorbeischicken, er wolle mit ihr reden, bevor er mit der Arbeit beginne.

Nach ein paar Tagen durfte ich zur Anprobe kommen. Die Hose war noch nicht ganz fertig geschneidert, passte aber auf Anhieb. Der Schlag war beeindruckend. Eine richtige Hamburger Hose! Ich konnte es kaum erwarten, sie endlich tragen zu können und zeigte sie ganz stolz meinem Vater.

Der meinte nur kurz angebunden: „Mit so was gehst du mir nicht auf die Straße, merk dir das!"

Das war ein herber Schlag für mich. Mutter tröstete mich dann und sagte nur, dass wir das ganz sicher zu regeln bekämen, weil Vater ja nicht Tag und Nacht um uns sei und meinte noch, es gäbe mehr als genug Möglichkeiten, sie zu tragen. Und so kam es dann auch.

Ich kann mich jedenfalls noch sehr gut daran erinnern, dass ich meine erste Ausfahrt im nagelneuen Outfit mit dem Postbus ins Sanatorium Mehrerau gemacht habe. Ich wollte mich den Krankenschwestern zeigen. Schließlich hatten sie mich als kleinen, ziemlich couragierten und dankbaren Patienten so richtig ins Herz geschlossen gehabt. Das war vielleicht eine Überraschung! Alle liefen zusammen, als sie mich gesund und munter mit perfekt reparierter Nase und giftgrünem Hemd mit Hamburger Hosen im Nadelstreif und modernen, spitz zulaufenden, schwarzen, auf Hochglanz polierten Schuhen gesehen haben. Die Schuhe habe ich vorher noch eigenhändig geputzt und auf der Reise von Hard nach Bregenz peinlich darauf geachtet, ja nicht in irgendwo in den Dreck zu treten. Alle freuten sich mit mir und verwöhnten mich mit heißer Schokolade und Kuchen. Sogar eine Flasche „Himbeer-Diezano" haben sie mir gebracht. Das habe ich richtig genossen, weil wir zu Hause nicht gerade alle Tage Limonade zu trinken bekommen haben.

Moosbrugger Monty und der Gondelkorso

Jeden Sommer wurde im Harder Hafen ein soge-
nannter Gondelkorso veranstaltet. Mindestens zwei
Dutzend Bootsbesitzer haben immer daran teilgenommen. Die kunstvoll geschmückten Gondeln
wurden von einer gestrengen Jury prämiert und die
ersten drei bekamen schöne Preise. Wochenlang
wurde an den Gondeln gebaut und getüftelt. Das alles geschah möglichst im Geheimen, um ja nicht von
der Konkurrenz abgekupfert zu werden. Das Ergebnis war immer sehr beeindruckend, manchmal sogar überwältigend! An diesem Abend durften auch
wir Kinder aufbleiben, solange wir wollten. Bevor es
losging, bekamen wir Fackeln in die Hand gedrückt,
weil es mittlerweile zu Dämmern angefangen hatte.
Bald darauf sahen wir, wie sich das erste Boot von
der Hafeneinfahrt kommend auf die wartende Men-
schenmenge zubewegte. Bei jeder Gondel war auf der
Steuerbordseite eine gut sichtbare Nummer angebracht. Als das erste Boot näher gekommen war, fuhr
es ganz langsam, nur wenige Meter vom Ufer entfernt
und mit brennenden Fackeln auf der Reling an uns
vorbei. Man konnte den kunstvoll gestalteten Aufbau

eines Piratenschiffes erkennen. Auf dem eigens ange-
fertigten Bugspriet stand ein als Galionsfigur verklei-
detes Mädchen. Es hielt sich am Stag des Fockmastes
fest und winkte uns zu. Auf dem Deck vor und hinter
dem Großmast lagen zwei betrunkene Piraten mit
Rumflaschen in der Hand. Einer lag da mit nacktem
Oberkörper, der andere trug ein weißes Hemd mit
ganz weiten Ärmeln. Sie grölten das Lied: „Wir lagen
vor Madagaskar und hatten die Pest an Bord!" Am
Heck des Schiffes, das einen mit Goldfarbe verzierten Aufbau hatte, stand der Piratenkapitän mit einem
großen Dreispitz auf dem Kopf. Unter dem Dreispitz
lugte hinten ein langer dicker Zopf hervor. Der Kapitän hatte eine blaue kurze Jacke mit Messingknöpfen
an, die mit goldenen Kordeln verziert war. Dazu trug
er eine lange, weiße Hose. Man konnte sogar seine
schwarze Augenklappe erkennen und sah genau, dass
er ein grimmiges Gesicht gemacht hat. Wir starrten
immer noch wie gebannt auf diese Erscheinung, da
kam schon das nächste Boot angefahren. Diesmal
handelte es sich um einen mit unzähligen silbernen
Schuppen drapierten chinesischen Drachen, der einen riesigen, blaugrünen Kopf mit feuerrotem Kamm
hatte und in regelmäßigem Abstand Feuer aus seinem
Mund gespien hat. Das Feuer war so hell, dass man
die großen schneeweißen Zähne gut erkennen konnte. Niemand war auf dem Boot und kein Wort war
zu hören. Man konnte nur sehen, wie es von zwei

Ruderpaaren wie von Geisterhand fortbewegt wurde. Der Schwanz des Drachens war leider abgebrochen, weil das nachkommende Boot beim Heranfahren zu wenig Abstand gehalten hatte und aufgelaufen war. Das war in meinen Augen wirklich eine unverzeihliche Unachtsamkeit, die zu vermeiden gewesen wäre! Das dritte Boot hatte als Motiv eine riesige, rosafarbene Seerose gewählt, die in voller Blüte stand und in deren Mitte ein knallgelb angezogenes Kind stand. Am Bug und am Heck saßen zwei als Matrosen verkleideter Ruderer und ein Handorgler spielte das Lied „La Paloma". Das war wirklich auch sehr beeindruckend und hat so manchen hart gesottenen Seebären tief berührt. Was natürlich unter den am Korso teilnehmenden Booten nie fehlen durfte, war ein möglichst naturgetreu nachgebautes Wikingerschiff. Auch diesmal konnten wir kaum erwarten, es kommen zu sehen. Endlich sahen wir von Weitem ein größeres Schiff aus der Dunkelheit auftauchen, das ein rechteckiges Rahsegel aus rot-weiß gestreiften Bahnen gesetzt hatte. Als es näher kam, konnten wir über dem Steven am Bug den furchterregenden Drachenkopf erkennen, der allerdings eher wie der Kopf eines Pferdes ausgesehen hat. Über dem Rahsegel war sogar noch ein Mastkorb befestigt. Über die ganze Länge der Bordkante waren bunt bemalte kreisrunde Schilde angebracht worden. Zwischen den Schilden waren die hölzernen Riemen durchgesteckt worden, mit denen die Wikinger das Schiff langsam durch das Wasser ruderten. Hinter den Schilden konnte man sie leider nicht sehen, weil sie im Sitzen rudern mussten, aber man konnte ahnen, dass es Wikinger waren. Im Heck des Schiffes stand der Steuermann. Ein großer, wild aussehender Mann mit rotem Haar, der eine riesige Trommel umgehängt hatte. Auf dieser Trommel gab er mit einem Holzhammer den Takt an, nach dem seine Männer zu rudern hatten. Das machte zwar einen Höllenlärm, hat uns aber sehr beeindruckt.

So ging das etwa eine Stunde weiter und langsam wurde uns die ganze Sache zu langweilig. Das lag vielleicht auch daran, dass mit zunehmender Anzahl der vorbeifahrenden Boote die Attraktivität der Kunstwerke rapide abgenommen hat. Auch unsere Eltern schienen diesen Eindruck bekommen zu haben und gingen bald darauf mit uns nach Hause.

Ein anderes Großereignis war für uns, wenn irgendwann im Laufe des Sommers der Schausteller „Moosbrugger Monty" mit einem Traktor und zwei großen Lastkraftwagen am Hafen angekommen ist und sein Karussell, eine Schiffschaukel und eine Schießbude aufgebaut hat. Die bunt bemalten Geräte haben uns magisch angezogen und wir boten sofort unsere Dienste beim Aufbau an. Es dauerte etwa zwei, drei Tage, bis alle Geräte aufgestellt waren. Anschließend mussten sie noch behördlich überprüft und zum Betrieb freigegeben werden. Für unsere Mitarbeit bedankte sich der Chef persönlich mit ein paar Freikarten, mit denen wir Karussell fahren konnten.

Schiffschaukeln durften wir Kinder nicht. Dafür waren wir noch zu klein und es war ja auch nicht ganz ungefährlich. Auf einem Schild stand zu lesen, dass man ein bestimmtes Mindestalter haben musste, um eine Karte zu bekommen. Die vier schiffsförmig gebauten, hölzernen Plattformen, in die man hineinsteigen konnte, sahen wie kleine Gondeln aus, darum „Schiffschaukel". Jede Gondel hing an vier langen Eisenstangen, die oben an einer starken Aufhängung zusammenliefen und fest damit verbunden gewesen sind. An diesen Eisenstangen konnte man sich mit beiden Händen halten und die Gondel mit Muskelkraft unter Einsatz des eigenen Körpergewichts und mithilfe beider Beine zum Schwingen bringen. Dazu hielt man sich mit beiden Armen an den Stangen fest und holte abwechselnd Schwung, indem man in die Knie ging, dann gleich den ganzen Körper streckte und dies möglichst oft wiederholte, damit man mit jedem Schwung etwas weiter nach oben getragen wurde. Wenn man das oft genug getan hatte, bekam man richtig Schwung und gelangte immer höher hinauf. Manchmal sah man junge Pärchen, die allen zeigen wollten, was sie drauf hatten. Sobald eine Gondel so hochgeschaukelt worden war, dass man befürchten musste, sie könnte über die ganze Konstruktion schwingen und auf der anderen Seite wieder herunter kommen, trat der Aufpasser auf die Bremse. Dabei zog er mit beiden Händen an einem dafür vorgesehenen längeren Hebel, mit dem er einen als Bremse dienenden starken Dielen so anheben konnte, dass der eisenbeschlagene Kiel des Gondelbodens immer dann, wenn er auf dem Rückweg am tiefsten Punkt angelangt war, daran zu schleifen begonnen hat. Nach einigen wenigen Schwüngen kam die Gondel dann zum Stehen und die Verrückten wurden aufgefordert auszusteigen. Auch der Schießbude durften wir uns nur mit gebührendem Abstand nähern. Das Luftgewehr zum Schießen einer Rose aus weißem oder rotem Krepppapier hätten wir wahrscheinlich gar nicht ruhig halten können. Das wäre für uns viel zu schwer gewesen. Am Schießstand interessierten uns ohnehin nur die runden, wenige Millimeter dicken Bleikügelchen, die als Munition gedient haben und von allen Kindern gesammelt wurden. Wir haben immer danach gesucht. Von diesen Kügelchen fanden wir dann die meisten, wenn die Bude wieder abgebaut worden war. Dann lagen sie zu Hunderten im zusammengedrückten Gras und wir pickten sie auf wie die Hühner die Körner.

Karussellfahren war nur so lange interessant, wie wir gratis fahren durften. Am liebsten haben wir uns auf eines der vier Holzpferde gesetzt, die sich beim Fahren auf und ab bewegt haben. Es gab auch noch einen großen weißen Schwan mit Sitzgelegenheit für zwei Kinder, außerdem zwei Motorräder und ein weiteres Gerät, an das ich mich nicht mehr erinnere. Wenn der Aufpasser nicht gerade hergeschaut hat, sind wir rasch vom Pferd gesprungen und eine oder zwei Runden daneben stehend mitgefahren, was natürlich streng verboten war. Sobald er uns sah und zu schimpfen begann, sind wir vom fahrenden Karussell gesprungen. Noch beim Davonlaufen haben wir ihn schimpfen hören. Sobald unsere Freikarten aufgebraucht waren, hat uns das Karussell nicht mehr interessiert. Es war uns zu langweilig geworden.

Die tote Sau

Eine nicht ganz unwichtige Geschichte soll auf keinen Fall unerwähnt bleiben. Direkt am Hafen, gleich hinter der Schlosserei mit dem gerodeten Birnbäumchen stand ein hölzernes weiß gestrichenes Badehäuschen. Es hatte vier Umkleidekabinen, die man über einen überdachten niedrigen Terrassenvorbau betreten konnte. In diesem Badehäuschen mit den mehrfach aufgetragenen und teilweise bereits wieder abgeblätterten Farbschichten hatte der Hafenmeister, der zugleich auch Bademeister gewesen ist, sein Büro. An der Außenwand des Büros war ein verzinktes, eisernes, oben abgewinkeltes Rohr montiert, das an die Wasserleitung angeschlossen war. Am oberen Ende des Rohrs hatte ein findiger Gemeindearbeiter den Brausekopf einer Gießkanne montiert. Diese Einrichtung diente als Dusche für Badegäste, die sich eine Umkleidekabine leisten konnten, und meinten, sich nach dem Schwimmen vom Süßwasser des Bodensees reinigen zu müssen. Die Brause hat gut funktioniert und wir haben sie oft ausprobiert, obwohl wir keine Badegäste waren und auch nicht zu den Besseren gehört haben. Wenn man die Brause in Betrieb nehmen wollte, musste man sich auf den Gully über einem kleinen betonierten Schacht stellen, in dem sich das Wasser sammelte und über ein Abflussrohr in den See gelangte. So hat damals die komplette Infrastruktur des noch gar nicht vorhandenen Strandbads ausgesehen. So gesehen konnte man diese Einrichtung bereits als eine Investition in die Zukunft betrachten, auch wenn die Frage der Abwasserentsorgung damals noch niemanden wirklich interessiert hat. In meiner Kindheit war der See an manchen Stellen eher eine Kloake, in der man glaubte, alles entsorgen zu können. Das konnte man sehr gut an einem Bach sehen, der unweit vom Zollamt und in der Nähe der Kirche in den See mündete. Von der ein paar Häuser oberhalb der Mündung gelegenen Färberei gelangten täglich Farbrückstände in den Bach, die sein Wasser einmal rot, einmal blau und dann wieder grün gefärbt haben. Wir konnten das auf unserem Schulweg viele Male beobachten.

Der Hafenmeister war auch dafür verantwortlich, dass die gesamte Anlage von Zeit zu Zeit von Schwemmholz, leeren Blechdosen und anderem Müll gesäubert wurde. Manchmal lag auch eine verendete Möwe oder ein angeschwemmter, halbverwester toter Fisch herum. Vor allem auf der dem offenen See zugewandten Seite des Dammes sind recht häufig Müll und Astwerk oder manchmal auch ein verendetes Tier angeschwemmt worden.

Damals mündeten die Lauterach, die Dornbirner Ache und der Rhein noch unmittelbar in die Harder Bucht, die nur durch einen nicht befestigten Schotterdamm zum Schutz des Hafens von diesem getrennt war. Der Damm war das ganze Jahr den vor allem bei Sturm manchmal recht hohen Wellen ausgesetzt. Das hat immer wieder dazu geführt, dass er an manchen Stellen ausgewaschen wurde und stellenweise oft wochenlang überschwemmt gewesen ist. Alles, was über die Flüsse und Bäche in den See gelangte und auf dem Wasser herum geschwommen ist, wurde vom Westwind an den Hafendamm getrieben und ist dort liegen geblieben. Speziell wenn Ereignisse wie der Gondelkorso oder der Schausteller Moosbrugger Monty angesagt waren, war die Zeit für das große Saubermachen gekommen. Wir kannten den Hafenmeister als einen zu uns Kindern immer sehr netten, lustigen und recht großzügigen Mann, von dem wir ab und zu ein paar Groschen bekommen haben, wenn wir den einen oder anderen Fund gemeldet haben und ihm dann beim Aufräumen halfen oder noch besser, diesen Job gleich selbst für ihn erledigten. Als es wieder einmal so weit gewesen war und wir ihm melden konnten, dass am Damm eine tote Sau angespült worden sei und jetzt dort herumliege, fragte er uns, ob wir sie bergen würden, wenn er uns sein Leiterwägelchen zur Verfügung stelle. Natürlich hatten wir insgeheim darauf gehofft, dass er an unserer Hilfe interessiert sei, weil wir zu recht davon ausgehen konnten, dass das den einen oder anderen Schilling einbringen würde. An diese beliebte Münze kann ich mich noch gut erinnern. Sie war aus Aluminium und hatte auf der einen Seite als Prägung die Zahl eins und auf der anderen einen Sämann, der einen Leinensack mit Saatgetreide umgehängt hatte.

Ausgerüstet mit dem Wägelchen des Hafenmeisters, das bereits gummibereifte Räder hatte und mit dem wir auf dem unbefestigten und unebenen Damm ganz gut zurechtkamen, näherten wir uns zu dritt dem Fundort. Wir konnten die tote Sau zwar noch nicht sehen, aber da die Sonne schien und wir Westwind hatten, schon aus einiger Entfernung riechen. Beim Kadaver angekommen, stellten wir fest, dass der sich trotz des blassen Aussehens noch in einem leidlich guten Zustand befunden hatte. Nun galt es zu überlegen, wie wir ihn auf unser Wägelchen bekommen könnten. Schnell hatte ich eine Idee.

Glücklicherweise handelte es sich bei der toten Sau nicht um ein ausgewachsenes Tier, sondern eher um einen kräftigen Teenager. Wenn wir es schafften, den Kadaver die kurze Böschung hinaufzuziehen und ihn dort seitlich zu lagern, wäre das schon die halbe Miete, dachte ich. Wenn es uns dann noch gelänge, ihn in unser auf die Seite gekipptes Leiterwägelchen zu rollen und dort irgendwie zu sichern, wäre die Schlacht gewonnen. Wir müssten danach nur noch gemeinsam unser Wägelchen wieder auf die Räder stellen und schon könnten wir mit unserer Fracht zum Hafenmeister zurückfahren. So weit, so gut.

Unser Plan war das eine, die Ausführung das andere. Wir standen am Wasser vor der toten Sau und schauten uns an. Jedem von uns war klar, dass das, was uns jetzt erwartete, sehr heikel und ziemlich unappetitlich sein würde. Die Sau lag mit dem Körper auf der rechten Seite und mit dem Rücken zu uns. Sie bewegte sich leicht mit den ans Ufer schlagenden Wellen vor und zurück. Als ich sie probeweise anfasste, hatte ich gleich ein Büschel Haare in der Hand und bemerkte, dass sich ihre Haut glatt und rutschig anfühlte. Ich wusste gleich, dass wir diese Unannehmlichkeiten auf uns nehmen mussten, wenn wir die Sau aus dem Wasser holen wollten. Ich sah meine beiden Kumpel an und verklickerte ihnen meinen Plan. Jeder von ihnen sollte das tote Tier an der Klaue eines Vorderfußes schnappen, während ich es am Rüssel packte. Zuerst sollten wir die Sau auf den Rücken drehen und sie mit dem Hinterteil ein bisschen in Richtung See schieben und sie umdrehen, ohne sie jedoch dabei loszulassen. Wenn das erreicht war, konnten wir versuchen, die tote Sau an den Hinterbeinen und am Schwanz zu fassen. Dann mussten wir sie nur noch das kurze Stück die Böschung hinauf Richtung Dammkrone ziehen und dort seitlich lagern.

Gesagt getan. Etwas widerwillig und mit gebührendem Respekt gingen wir gemeinsam an die Arbeit. Alles klappte genauso, wie ich mir das vorgestellt hatte. Ein bisschen erschraken wir dann doch, als das tote Tier beim Hinaufziehen ein gurgelndes Geräusch von sich gab und uns gleich darauf eine Wolke von Gestank umgeben hat. Dann lief aber alles wie am Schnürchen. Nachdem wir die Sau auf der Dammkrone gelagert hatten, legten wir das Leiterwägelchen seitlich auf die beiden Räder und rollten sie hinein. Ich hielt sie mit beiden Händen und meinen Knien, so, dass sie nicht mehr herausfallen konnte, hob das Wägelchen gemeinsam mit einem der beiden Kumpel an der Seite, so gut es ging, in die Höhe und der Dritte drückte es auf der gegenüberliegenden Seite herunter, bis es auf seine Räder fiel. Geschafft! Nachdem wir uns gegenseitig von den Haaren der Sau befreit hatten, konnten wir losfahren. Stolz auf unsere Leistung zeigten wir dem Hafenmeister unseren Fund. Der klopfte uns auf die Schulter, drückte jedem einen Schilling in die Hand und gab uns ein Stück Kernseife, damit wir uns hinter seinem Büro die Hände gründlich waschen konnten. Der Hafenmeister hat dann dafür gesorgt, dass der Kadaver von einem Mitarbeiter des Bauhofes abgeholt und entsorgt worden ist.

Das Krottenloch

Auf dem Weg vom Badehäuschen zum Schotterdamm lief man an einem großen Tümpel vorbei, der
zwar nicht direkt mit dem See verbunden war, aber
vermutlich sein Wasser von ihm bezogen hat. Zwischen See und Tümpel konnten wir eigentlich das
ganze Jahr über spielen, ohne auch nur einmal ins
Wasser steigen zu müssen. Von dort aus konnten
wir sowohl in den See als auch in den Tümpel hüpfen. Sogar im Sommer war dieses Gelände nie unter
Wasser, auch wenn der Wasserstand im See nach der
Schneeschmelze immer am höchsten gewesen ist. Bei
uns hieß dieser Tümpel das „Krottenloch". Auch mein
Vater konnte mir nicht sagen, wie es wohl entstanden sein mochte. Es war ganz einfach immer schon
da. Dieser Tümpel war höchstens eineinhalb Meter
tief und der Grund war ganz schlammig. Man konnte das vor allem im Winter gut sehen, wenn er fast
zur Gänze trocken gefallen war, nachdem der See
seinen niedrigsten Stand erreicht hatte. Der Tümpel
war umgeben von Schilf und an der Stelle, wo er etwas tiefer gewesen ist, wuchsen im Sommer schöne
Seerosen. Wenn wir zu ihnen hinausschwammen,

konnten wir die langen ziemlich harten Stiele anfassen, mit denen sie sich an ihren Wurzeln festhielten. Ihre weißen Blütenblätter fühlten sich an wie Wachs. Nahe am seichten Ufer streckten schön gewachsene große Rohrkolben ihre braunen, schlanken Köpfe in den Himmel und Hunderte flinker Wasserläufer flitzten über die Oberfläche des Wassers, ohne einzusinken. Wunderschöne handtellergroße grüne und blaue Libellen ließen sich auf den Schilfhalmen nieder und machten Halt. Rund um den Tümpel hörte man das Gequake der Frösche, die sich unermüdlich immer dasselbe zuzurufen schienen. Man musste schon genau hinhören, wenn man einen zu Gesicht bekommen wollte. Versuchte man ihn dann zu fangen, nachdem man sich vorsichtig angeschlichen hatte, war er blitzartig verschwunden und man hatte das Nachsehen. Wenn ich im Wasser am Ufer nach Kaulquappen suchte, spürte ich mit jedem Tritt, wie ich den lehmigen Schlamm zwischen meinen Zehen nach oben drückte. Schon nach wenigen Schritten hatte ich mich daran gewöhnt und es fühlte sich gut an. Immer wieder hüpfte so ein grüner Geselle vom Ufer ins Wasser, sobald er mich kommen gespürt hat.

Am Ufer des Tümpels hatten viele Bewohner ihr Zuhause. Beim Herumwaten im Schlamm konnte man fast immer schöne und dunkel gefärbte Postillionschnecken sehen – oft in Gesellschaft der etwas helleren Spitzkopfschnecken – und im etwas tieferen

Wasser lebten schöne, große Teichmuscheln. Um die zu finden, mussten wir allerdings nach ihnen tauchen, was für uns natürlich kein Problem war. Das Wasser war sozusagen unser Element. Man hätte meinen können, wir wären mit Schwimmhäuten zwischen den Zehen auf die Welt gekommen. Wir badeten allein deshalb gerne im Krottenloch, weil dieses Wasser aufgrund der geringen Tiefe schneller warm wurde als der See, der noch längere Zeit mit kaltem Schmelzwasser durchmischt war, das damals vor allem über den Rhein in die Harder Bucht gelangt ist.

Liebe am Nachmittag

Wie schon früher erwähnt, war mein Vater Zöllner. Als Zöllner wird man auch für Nachtdienste eingeteilt. Immer wenn Vater vom Nachtdienst nach Hause kam, nahm er zuerst das Frühstück zu sich, danach ging er schlafen. Gegen Mittag stand er auf und wir aßen gemeinsam zu Mittag. Ich kann mich sehr gut daran erinnern, dass uns Mutter, wenn Vater geschlafen hat, immer ermahnt hat, leise zu sein, wenn wir in der Wohnung herumgetollt sind und beim Spielen zu viel Lärm gemacht haben.

Ein ganz eigenartiges Erlebnis hatte ich als etwa fünfjähriger Bub an einem Nachmittag. Warum ich mich überhaupt und erst viele Jahre später wieder daran erinnern konnte, liegt vermutlich daran, dass ich es vollkommen aus meinem Gedächtnis verdrängt habe. Warum weiß ich nicht.

Vater hatte wieder einmal Nachtdienst gehabt. Nach dem gemeinsamen Mittagessen schickte mich Mutter zum Spielen hinaus in den Hof. Nach etwa einer halben Stunde rannte ich zurück, um Spielzeug aus dem Kinderzimmer zu holen. Nachdem ich nicht gleich gefunden hatte, was ich suchte, ging ich in die

Küche, um Mutter zu fragen. Da sie nicht in der Küche gewesen ist und ich sie auch nicht durch die offen stehende Wohnzimmertüre sehen konnte, machte ich die Türe ins Schlafzimmer auf, um nachzusehen, ob sie vielleicht hier sei. Was mir sofort auffiel, war, dass Mutter unbekleidet im Bett gesessen ist und mein splitternackter Vater vor ihr lag.

Diese Szene hatte für mich überhaupt nichts Schockierendes, aber ich war irritiert und überrascht, auch ein bisschen erschrocken, weil ich zum ersten Mal in meinem Leben meine Eltern nackt gesehen habe. Ich erschrak vor allem, weil ich sofort bemerkt hatte, dass die beiden über mein Hereinplatzen erschrocken waren. Ich kann mich überhaupt nicht daran erinnern, irgendwelche Details gesehen zu haben. Mir sind auch keine besonderen Handlungen aufgefallen. Dazu ging alles viel zu schnell. Es war vermutlich ihre Nacktheit, die in mir das Gefühl ausgelöst hat, etwas Falsches oder Verbotenes getan zu haben. Ich hörte Vater noch sagen, dass ich die Türe schließen und beim nächsten Mal anklopfen solle, aber da hatte ich die Türe hinter mir ohnehin schon wieder zugemacht. Anklopfen war eine Disziplin, die wir nicht gekannt haben und die uns bisher noch niemand beigebracht hatte, und so rannte ich schnell wieder zu den anderen Kindern auf den Hof.

Zu diesem Erlebnis haben weder meine Mutter noch mein Vater mir gegenüber auch nur irgendein

Wort verloren. Es schien so, als wäre gar nichts geschehen und ich war froh darüber.

Mein Vater hatte schon immer eine alte Gondel und unsere Eltern haben uns Kinder bei jeder Gelegenheit zum Baden auf den See mitgenommen. In der nahen Rheinmündung und in der Fussacher Bucht hat es früher viele Sandinseln gegeben und wir durften nach Herzenslust im Sand spielen. Das war Abenteuer pur und wir haben uns natürlich immer gefreut, wenn wir mitkommen durften. Wir Buben waren auf dem Boot immer nackt, Vater und Mutter trugen Badehose und Badeanzug. So kannten wir unsere Eltern und nicht anders.

Vater, der den See und jeden Abschnitt des Ufergeländes sehr gut kannte, hat schon seine eigene Kindheit und Jugend am See verbracht. Er erlaubte mir deshalb immer, sobald wir dem Ufer nahe genug waren, aus dem Boot zu springen und an Land zu schwimmen. Ich war damals vier oder fünf Jahre alt und Schwimmen konnte ich ja noch nicht. Das wusste er natürlich, aber er wollte, dass ich es möglichst bald lernen sollte. Sobald das Wasser über meinem Kopf zusammenschlug, ruderte ich wie wild mit den Händen und schaffte die kurze Strecke zum Ufer, indem ich gleich nach dem Auftauchen nach Art eines Hundes, also im sogenannten „Dogstyle" – so möchte ich das nennen – geschwommen bin. Das konnte ich gut, es hat funktioniert und ich habe mich dabei auch sicher gefühlt.

Vater hat uns beiden Kindern diese Technik schon sehr früh gezeigt. So wie ein Frosch zu schwimmen – also im „Frogstyle" – haben wir dann ganz von alleine gelernt. Das musste uns niemand zeigen.

Der Kuss

Ein wirklich einschneidendes Erlebnis in Sachen Liebesbeziehungen hatte ich, als ich nach den Sommerferien in die vierte und letzte Klasse der Hauptschule aufgestiegen bin. Damals war ich immerhin schon dreizehneinhalb Jahre alt und mein vierzehnter Geburtstag war im letzten der vor mir liegenden vier Monate vorgesehen.

Ein eigentlich recht unauffälliges Mädchen, das mit seinem jüngeren Bruder und seinen Eltern zwei Etagen über uns gewohnt hat, kam im Hof auf mich zu und fragte mich, ob ich Lust hätte, am Abend auf Besuch zu kommen und gemeinsam mit ihr im Fernseher „Lassie" zu schauen. Lassie war – wie wir bereits erfahren haben – eine damals beliebte TV-Serie, in der ein Langhaarcollie die Hauptrolle gespielt hat. Sie sagte noch ganz nebenbei, dass ihre Eltern nicht zu Hause seien, weil sie den Abend bei einer Tante zu verbringen beabsichtigten.

Ich ließ mich ohne lange zu überlegen einladen, obwohl ich genau wusste, dass ich zuvor die Zustimmung meiner Mutter einholen musste. Da wir zu Hause noch keinen Fernseher hatten und ich das

Fernsehen und vor allem Lassie als Hauptgrund für meinen Besuch vorgab, rechnete ich mir gute Chancen aus. Schließlich war unsere Mutter generell davon überzeugt, dass ihre beiden Buben anständige und wohlerzogene Kinder waren. Sie konnte mich daher aus gutem Grund und ruhigen Gewissens gehen lassen. So kam es dann auch. Dass die Eltern der Kleinen an diesem Abend nicht zu Hause sein würden, verschwieg ich in weiser Voraussicht alles bedenkend.

Als ich zur vereinbarten Zeit klingelte, machte mir das Mädchen die Türe auf. Ich war doch etwas überrascht, sie bereits im Pyjama zu sehen. Sie bat mich gleich ins Wohnzimmer, wo der Fernseher schon lief, und fragte mich, ob ich auf der Couch Platz nehmen wolle. Dann ging sie in die Küche und kam mit etwas Knabbergebäck zurück, das sie auf den Couchtisch stellte. Ob ich wollte oder nicht, meinen Puls spürte ich bis zum Hals hinauf. Ich hatte mit Sicherheit keine Vorstellung davon, was nun folgen könnte, aber ich wusste instinktiv, dass es etwas sein würde, was ich so noch nie zuvor erlebt hatte.

Ich hatte überhaupt nicht mitgekriegt, dass im Fernseher die beliebte Hundeserie bereits zu laufen begonnen hatte, und spürte nur, dass sie sich ganz nah an mich herandrückte. Ich wusste nicht, was ich sagen sollte und konnte auch nicht sprechen. Als sie meine Hand fasste und auf ihren rechten Schenkel legte, klopfte mein Herz wie verrückt. Dann beugte

sie sich über mich und presste ihren zusammenge-
kniffenen Mund auf meinen ebenfalls zusammenge-
kniffenen – und so erlebte ich meinen ersten Kuss.
Ich empfand es zwar als wahnsinnig aufregend, aber
nicht wirklich als angenehm. Wenigstens wusste ich
nun, wie ein Kuss funktioniert!

Dann meinte sie, dass wir nun ein bisschen Fernsehen sollten. Ich tat, wie mir geheißen wurde und
hatte meine Hand immer noch auf ihrem Schenkel
kleben. Irgendwie schien sich diese Hand dann selbstständig machen zu wollen und bewegte sich in Richtung ihres Unterbauches. Dort angekommen, stieß
sie ganz unerwartet doch auf einigen Widerstand
und fuhr deshalb wie von selbst in Richtung Oberkörper. Nachdem sie hier so gut wie keine Gegenwehr
verspürte, stellte sie überrascht und einigermaßen
irritiert fest, dass sich die vorgefundene Topografie
kaum von der ihres Besitzers unterschied. Das erkun-
dete Gelände erwies sich als ähnlich flach wie mein
eigenes und bot wenig Neues.

Nachdem ich mittlerweile doch etwas mutiger
geworden war und mein Herz nur noch im oberen
Drittel des Normalbereichs und nicht mehr darüber
geschlagen hat, entschloss ich mich zu einem erneu-
ten Angriff. Ich hatte beide Hände wieder frei und
versuchte so unauffällig wie möglich und ihr Einverständnis voraussetzend, nach den bisher eher dürfti-
gen Ergebnissen doch noch einen Treffer zu landen.

Am zielführendsten schien es mir, wenn ich mich an ihrer Pyjamahose zu schaffen machen würde.

Überraschenderweise und zu meiner großen Enttäuschung rückte sie abrupt ein Stückchen von mir weg und meinte: „Du musst dich schon entscheiden, was du willst, oben oder unten!"

Das war keine leichte Vorgabe, denn alles was ich bisher erforscht hatte, war nicht wahnsinnig interessant und „unten" war ich meiner Meinung nach noch gar nicht gewesen. Also fragte ich sie zuerst einmal höflich und einfühlsam, wie sie das meine und was ihr denn am liebsten sei. Daraufhin meinte sie, kurz angebunden, sie habe eigentlich schon genug und im Übrigen müsse sie mir sagen, dass mein kleiner Bruder viel besser sei als ich!

Das traf mich wie eine Ohrfeige mitten ins Gesicht. Schließlich war mein Bruder zu diesem Zeitpunkt noch keine zwölf Jahre alt und schon seit seiner Geburt zweieinhalb Jahre jünger als ich! Mich hielt nichts mehr und obwohl ich nur von der Couch hinunter rutschen musste, kam es mir vor, als wäre ich aus drei Metern Höhe in freiem Fall auf einem Steinboden aufgeschlagen. Das war eines meiner schlimmsten Erlebnisse, aber im Laufe der Jahre habe ich mich von dieser Schmach doch noch erholen können und den erlittenen Schock verarbeitet.

Sie nannten mich „Bibele"

Vater, Jahrgang 1918, war wie schon gesagt, ein soge-
nannter „Bibelforscher". Er hatte immer schon viel gelesen und ließ sich durch nichts und niemanden davon
abhalten, nach dem Sinn des Lebens zu suchen. Er war
vermutlich geprägt durch den Wahnsinn des Zweiten
Weltkrieges, an dem er in Russland und in Frankreich
teilgenommen hatte, nach dem Krieg aus der katholischen Kirche ausgetreten. Das brauchte er, um erneut
und unbeeinflusst von alten Zöpfen aufs Neue und von
vorn mit der Sinnsuche beginnen zu können. Für mich
als im Jahr 1947 geborenes Nachkriegskind ist dieses
Anderssein erst nach meinem Schuleintritt ein Thema
geworden. Damit hatte ich mich in den folgenden acht
Jahren auseinanderzusetzen, weil ich von frühester
Kindheit an durch dieses Anderssein geprägt gewesen
bin und regelmäßig im Kreis der Familie in der Bibel
zu lesen gewohnt war. Das ist sogar so weit gegangen,
dass ich, nachdem ich in schon die Mittelschule aufgestiegen war, das Neue Testament auch in der engli-
schen und französischen Sprache gelesen habe. Vater
hat mich dabei gerne unterstützt und mir die entsprechenden fremdsprachigen Ausgaben besorgt und ich

habe jeden Vers in deutscher Sprache gelesen und mit jenem in der jeweiligen Fremdsprache verglichen.

Nachdem ich dann in die Schule aufgenommen worden war, durfte ich auf Wunsch meiner Eltern nicht am Religionsunterricht teilnehmen. Das habe ich später, nachdem ich mit der Glaubensgemeinschaft der Zeugen Jehovas nichts mehr am Hut gehabt habe, sehr bedauert. Meine Eltern haben dadurch verhindert, dass ich meinen Horizont auf dem Gebiet des katholischen Glaubens hätte erweitern können. Ich bereue das zwar nicht, aber ich fände es besser, wenn ich am Religionsunterricht teilnehmen hätte dürfen und Vater anschließend mit mir über die unterschiedlichen Aspekte und Ansichten geredet hätte. Weil ich diese Gelegenheit nicht wahrnehmen konnte, habe ich zwar recht gute Bibelkenntnisse erworben, von denen leider nicht viel übrig geblieben ist, aber in Sachen Religion und Glaube hat mein Horizont am heimischen Tellerrand geendet.

Meine Klassenkameraden haben in mir sofort und zuallererst den kleinen Bibelforscher gesehen. Es versteht sich von selbst, dass ich deshalb recht bald einen Spitznamen bekommen habe. Sie nannten mich „Bibele". Am Anfang hat mich das natürlich geärgert und ich habe mich deswegen auch in die eine oder andere Prügelei verwickeln lassen, aber irgendwann machte ich mir nichts mehr draus und die wenigen Erfinder meines Spitznamens hatten bald auch keinen Spaß mehr daran, mich zu hänseln.

Ich selbst bin zum Unterschied von meinen beiden Geschwistern noch nach katholischem Ritus getauft worden, und zwar ungefragt! Dieses Sakrament bedeutete mir als „Bibele" natürlich gar nichts. Ganz im Gegenteil hat es mich recht schnell gestört, dass ich gar nicht gefragt worden bin, ob ich überhaupt getauft werden möchte! Ich dachte mir immer, bei einer so wichtigen Angelegenheit wie der Taufe hätte es sich gehört, zumindest so lange zuzuwarten, bis ich in der Lage gewesen wäre mitzureden.

Dankbar bin ich meinem Vater auf jeden Fall dafür, dass er uns Kindern immer freigestellt hat, ob wir uns nach dem Erreichen des dafür vorgesehenen Lebensalters nach dem Ritus der Zeugen Jehovas taufen lassen möchten oder nicht. Für meine Begriffe war Vater kein Religionsfanatiker. Auch wenn er seine Überzeugung sehr ernst genommen hat, so hat er uns Kindern das Gefühl gegeben, später einmal tun zu können, was wir für richtig hielten. Das haben wir dann auch so gehalten.

Für meinen jüngeren Bruder waren die Zeugen Jehovas ohnehin nie wirklich ein Thema, weil er es sehr bald verstanden hat. sich so oft wie möglich vor der Pflichtübung des Missionierens zu drücken, um nicht aus freien Stücken so wie ich an Sonn- und Feiertagen mit den Broschüren „Wachtturm" und „Erwachet" von Haus zu Haus gehen zu müssen. Er hat schon als Bub nichts davon gehalten, wildfremde Menschen zu belästigen und zu versuchen, sie in ein Gespräch über die Bibel zu verwickeln, auch wenn sie offensichtlich keine Lust dazu hatten.

Missionieren musste ich nie alleine gehen. Zu mir gesellte sich fast immer der schon routinierte Sohn eines Mitbruders meiner Eltern. Nachdem wir unsere Päckchen mit „Wachtturm" und „Erwachet" ausgefasst hatten, machten wir uns auf den Weg. Das war immer an einem Feiertag oder Sonntagvormittag. Sobald wir an einer Haustüre geklingelt haben, öffneten uns fast immer gestresste Hausfrauen die Türe. Die meisten von ihnen waren gar nicht daran interessiert, etwas über die Chance zu einem ewigen Leben im Paradies ohne Stress und Krankheiten zu hören. Sie wollten sich lieber mit dem Sonntagsbraten auf dem Herd beschäftigen. Schließlich musste das Essen auf dem Tisch stehen, wenn der Mann vom Frühschoppen nach Hause kam. Als Kinder und Jugendliche wurden wir aber doch meistens freundlich behandelt und bekamen fast immer ein paar Groschen für die beiden Broschüren. Vielleicht war's auch nur deswegen, weil man uns schnell wieder los sein wollte. Die paar Schillinge aus der Missionarstätigkeit durften wir immer behalten.

Der sonntäglichen Pflicht zu missionieren wollten wir nicht immer nachkommen. Vor allem wenn wir schönes Wetter hatten, hat sich unsere Lust in Grenzen gehalten. Es kam deshalb schon mal vor, dass wir zur Bücherverbrennung geschritten sind und – statt zu Missionieren – mit dem Fahrrad ins Ried oder an den See fuhren, um aus den beiden Broschüren ein Lagerfeuer zu machen. Auf das uns dadurch entgangene Taschengeld haben wir dann notgedrungen verzichtet.

Jeden Sonntagabend versammelten sich alle Zeugen Jehovas geschlossen in ihrem Königreichssaal. Ich hatte immer den Eindruck, dass sich alle mit Respekt, gegenseitiger Achtung und in großer Solidarität begegnet sind und von ihrem Glauben überzeugt waren. Uns Kindern hat man schon früh gelehrt, vor den Versammelten kleine, gut vorbereitete Reden zu halten und ich als Akkordeonschüler durfte sogar ab und zu einen Klarinettisten beim gemeinsamen Gesang begleiten. Diese Lieder habe ich natürlich zu Hause üben müssen! Ich will gar nicht leugnen, dass sie mir genau so wenig gefallen haben wie der Mist, den ich in der Musikschule lernen musste.

Ganz besonders in Erinnerung geblieben ist mir ein unverheirateter Teilnehmer beim Fest des Abendmahls – übrigens dem einzigen Fest, das von den Zeugen Jehovas begangen worden ist – der ungesäuertes Brot zu essen und aus einem Kelch Rotwein zu trinken bekommen hat. Das hat mich ein bisschen irritiert, wo doch für Zeugen Jehovas Alkohol und Nikotin verboten gewesen sind! Erst als Erwachsener habe ich dann gelernt, dass Wein mit Alkohol so gut wie nichts zu tun hat, wenn man ihn nur zum Essen genießt, aber das konnte ich damals natürlich noch nicht wissen.

Unsere Versammlungen dauerten meistens eine Stunde und nachdem wir wieder zu Hause angekommen waren, wollte ich wissen, wieso dieser Mann etwas zu essen und zu trinken bekommen hatte und wir anderen nicht. Mein Vater erklärte mir daraufhin, dieser Mitbruder glaube von sich – und davon sei er auch felsenfest überzeugt – zu jenen hundertvierundvierzigtausend Auserwählten zu gehören, die nach ihrem Tod in den Himmel kämen und neben Jehova Platz nehmen dürften, um ihm beim Erledigen der Regierungsgeschäfte, die ja auch in einer Theokratie anfallen können, behilflich zu sein.

Nachdem ich das gehört hatte, war ich richtig froh, dass meinem Vater der nötige Ehrgeiz für ein derartiges Regierungsamt gefehlt hat und er es vorgezogen hat, dereinst lieber mit uns im Paradies auf Erden leben zu wollen, statt Erziehungsminister im Himmel zu werden. Ich war mir damals natürlich hundertprozentig sicher, dass das Paradies kommen werde, wenn wir nur lange genug darauf warteten. Vor allem freute ich mich schon sehr darauf, dass wir – erst einmal im Paradies angekommen – mit vormals wilden, aber dann ganz sicher zahm gewordenen Löwen spielen würden und nie mehr Angst vor Krankheiten oder gar vor dem Tod zu haben bräuchten.

Was mir bei der Beschäftigung mit dem Gedankengut der Zeugen Jehovas irgendwann immer mehr

Sorgen bereitete, waren all die armen Menschen, die nicht das Glück hatten, so wie wir im Besitz der Wahrheit zu sein oder die gar irgendwo leben mussten, wo es keine Zeugen Jehovas gegeben hat, die ihnen hätten sagen können, was zu tun sei, um so wie wir dereinst ins Paradies zu gelangen!

Für meinen Vater war es sehr wichtig, mich zu einem denkenden Menschen zu erziehen, auch wenn mancher ganz andere Vorstellungen von Kindererziehung haben mag, als er sie an uns erprobt hat. Diese Einstellung führte bei mir dazu, dass sich mein Hausverstand in seiner Rolle immer wohler fühlen konnte und je mehr ich mich seiner bediente, desto abstrakter – um nicht zu sagen absurder und verrückter – wurden für mich die Angebote dieser Glaubensgemeinschaft. Vor allem die latent vorhandene Intoleranz gegenüber Angehörigen anderer Religionen, die ich ab und zu auch bei meinem Vater festgestellt habe, hat mich immer stutziger gemacht.

Später als pubertierende Halbwüchsige, hatten wir immer weniger Interesse an den Ideen der Zeugen Jehovas und wollten irgendwann nichts mehr davon wissen. Wir haben ja auch enttäuscht feststellen müssen, dass für manche der Brüder und Schwestern die Einstellung unseres Vaters „Sagen, was man tut, und tun, was man sagt" wenig Bedeutung hatte.

Maden im Speck

Noch eine erwähnenswerte Geschichte hat sich in unserem Keller genannten Schuppen abgespielt. Wie schon gesagt, ist meine Großmutter Äla wie eine Spinne im Netz zu Hause gesessen mit dem Ziel, Partner für's Kartenspielen einzufangen. Vor allem in meinem Vater sah sie die wohl dickste Beute. Äla war so trickreich, dass sie nicht nur bei jeder Gelegenheit ihr feines Spinnennetz gesponnen hat, sondern auch noch Fallen mit Speck und Rotwein auslegte, in die Vater bereitwillig hineingetappt ist.

So kaufte sie eines Tages im Spätherbst ein halbes Schwein, das sie eigens für meinen Vater ermorden ließ. Vater hat daraus von einem bekannten Metzger portionierte Fleischpakete zusammenstellen lassen, die er dann in einem gemieteten Kühlfach einlagerte, bis sie verzehrt wurden. Damals konnte man solche Fächer in der Dorfsennerei anmieten. Unter anderem musste der Metzger aus dem Bauch des Schweinchens auch ein Dutzend leckere Speckbinden machen, die Vater, nachdem sie fertig geräuchert und zum Abholen bereit waren, im hinteren Kellerraum an der Decke vor dem Beerenweinregal aufgehängt hat.

Den ganzen Winter über haben wir uns nach und nach durch den Berg Schweinefleisch gefressen und Vater genoss zwischendurch immer wieder mal ein bisschen vom Speck. Außer ihm war niemand verrückt danach und so blieb er auf seinem Speckvorrat mehr oder weniger sitzen. Der eisig kalte Winter ist von einem ungewöhnlich warmen Frühling abgelöst worden, der warme Föhn hat tagelang keine Ruhe gegeben und wie verrückt geblasen. Ich kann mich noch ganz gut an den Samstagnachmittag erinnern, als er vom Tisch aufgestanden ist, um eine Binde Speck aus dem Keller zu holen, weil wir am Abend Gäste erwartet haben. Voller Vorfreude schnitt er die Binde in der Mitte durch und traute seinen Augen nicht! Er hatte, ohne es zu wollen, zwei oder drei Maden ebenfalls in ihrer Mitte durchtrennt, die sich offenbar schon seit Tagen im Inneren der Speckbinde niedergelassen hatten und wie die sprichwörtlichen Maden im Speck gelebt hatten. Elektrisiert lief er in den Keller und holte die restlichen sechs oder sieben Binden herein. Alle Speckbinden teilten das gleiche Schicksal. Er rettete, was zu retten war und schnitt alles weg, was bereits sichtbare Spuren aufgewiesen hat. Den von den Gehwegen der Maden befreiten Rest schnitt er ganz hauchdünn auf und Mutter richtete eine schöne große Platte mit gekochten Eiern und Essiggürkchen für die Gäste her. Alle waren begeistert und meinten übereinstimmend selten so guten Speck gegessen zu haben.

Vater hatte sich natürlich – wie hätte es anders sein können – irgendwann einen Fahrradanhänger gebaut, den er auch an seinem Moped anhängen konnte. Am Kornmarkt in Bregenz gab es damals einen bekannten Weinhändler, bei dem Äla ihren Wein der Marke „Kalterersee" in Literflaschen bestellte. Sie orderte stets zwei Harrasse auf einmal. „Kalterersee" war schon damals bekannt und beliebt und ist in jedem Gasthaus als Hauswein angeboten worden.

Es war natürlich klar, dass niemand außer Vater mit seinem Anhänger den Transport der beiden Gebinde nach Fußach hätte übernehmen können. Äla kaufte immer auf Vorrat und vierundzwanzig Flaschen waren genau die richtige Menge. Vaters Anhänger bot dafür ausreichend Platz. Schließlich war dann nach dem langen und anstrengenden Transport von Bregenz nach Fußach gleich eine längere Pause vonnöten, die von Vater und Äla sinnvollerweise mit Kartenspiel und Rotwein verkürzt worden ist.

Ehrlich gesagt hatte ich immer das Gefühl, dass es Mutter überhaupt nicht ungelegen gewesen kam, wenn Vater so oft wie möglich bei Äla auf Besuch war. Sie schien sich trotz seiner Abwesenheit nie unwohl zu fühlen, ganz im Gegenteil.

Hochwasser

Es gab Jahre, in denen der nahe gelegene See über die Ufer getreten ist. Dann hatten wir Hochwasser, das in unserem Hof bis zu vierzig Zentimeter hochstand. Unsere Wohnung war im Hochparterre gelegen und blieb deshalb auf jeden Fall im Trockenen – nur die ersten zwei oder drei Stufen im Hauseingangsbereich waren überschwemmt. Auch die Gärten kamen natürlich unter Wasser zu liegen und das Gemüse und die Blumen sind verfault. Unser Schuppen und der dahinter liegende Keller standen ebenfalls unter Wasser, weil der Pegelstand des Bodensees bei solchen Ereignissen oft zwanzig Zentimeter über unserem Kellerboden zu liegen kam.

Ich kann mich auch noch gut daran erinnern, dass Vater sogar einmal unsere Gondel vom nahen Hafen in den Hof gerudert hat. Wir durften mit ein paar Kumpeln ins Boot steigen und dann ist er mit uns rund ums Haus gefahren. Das war schon ein ganz besonderes Erlebnis! Bei Hochwasser ist es oft vorgekommen, dass auch kleine Barsche und andere Fische die Gelegenheit genutzt haben, um vom nahen See bis in unseren Hof zu schwimmen, um dann in

den Gärten hinterm Zollamt nach Würmern Schne-
cken und anderem Getier zu suchen. Spannend war
es auch, wenn wir sie vom Küchenfenster aus durch
den Hof schwimmen sehen konnten. Ich frage mich
noch heute, wo wohl die vielen Ratten Asyl gefunden haben, die wir fast jeden Tag auf der Flucht vor
dem Wasser beobachten konnten, wenn sie die über-
schwemmten Schuppen verlassen mussten. Ich war
immer wieder aufs Neue überrascht, wie gut und aus-
dauernd sie geschwommen sind.

Es dauerte oft mehrere Tage, manchmal sogar
zwei bis drei Wochen, bis das Wasser so weit zurück-
gegangen war, dass man mit den Aufräumarbeiten
beginnen konnte. Als Erstes sind die Holzstege auf
der Straße und ums Haus beseitigt worden. Die hatte
man errichtet, damit man wenigstens ein Stück weit
trockenen Fußes gekommen ist. Wir Kinder brauchten diese Einrichtungen natürlich nicht, weil wir ohnehin immer in kurzen Hosen und barfuß gelaufen
sind. Ich erinnere mich aber noch recht gut daran,
dass Vater im Keller ziemlich viel Dreck beseitigen
musste, nachdem der Wasserstand wieder das Nor-
malmaß erreicht hatte. Vor allem unser Garten, den
er immer mit viel Liebe gepflegt hat, war nach dem
Rückgang des Wassers sehr in Mitleidenschaft gezogen worden, weil er zu lange auf Tauchstation gewesen ist.

Hans, der Glaser

Wie wir ja bereits wissen, gehörte zu jeder Wohnung im Zollamt auch ein Gemüsegarten. Fast jede Familie baute neben Salat auch Kartoffeln, Tomaten, Gurken, Erbsen, Radieschen und Karotten an. Manche hatten sogar einen Hasenstall mit zwei oder drei Kaninchen im Garten, damit sie irgendwann einen Hasenbraten zu verzehren hatten. Fleisch war damals viel teurer als heutzutage und die Haltung von Hasen oder Kaninchen für den späteren Verzehr durchaus üblich. Einige der Hobbygärtner haben sogar Frühbeete errichtet, um so früh wie möglich frischen Salat ernten zu können.

Auch Vater war einer von ihnen und konstruierte ein solches Frühbeet. Er verwendete dazu vier alte Fenster, deren fehlende Scheiben er fachgerecht ersetzte. Vier dieser Fenster setzte er auf einen hölzernen Rahmen und schon war das Frühbeet fertig. Darin konnte er schon frühzeitig im Jahr Salat- und Tomatensetzlinge anpflanzen. Den ganzen Winter über hatte er auf den Fensterbänken in unserer Wohnung kleine Setzlinge gezogen, die er aus den Samen reifer Tomaten vom Vorjahr gewonnen hatte.

Manche Hausbewohner, die keine Lust mehr auf die schmutzige Gartenarbeit hatten und ihr Gemüse lieber im Laden gekauft haben, legten in ihrem Garten einen Zierrasen an oder sie zogen Astern, Dahlien, Gladiolen, Tulpen und Narzissen. Oft hatten wir die reinste Gartenschau ums Haus. Andere wieder bauten von duftenden Rosensträuchern überwachsene Gartenlauben, die oft mit einem Tisch und Sesseln oder einer bequemen Liege eingerichtet worden sind.

Nicht nur unser Vater hatte im Garten ein Frühbeet, sondern auch andere Hobbygärtner wussten die Vorteile eines solchen Gewächshauses sehr zu schätzen. Die Frühbeete der Nachbarn wurden Vater jedoch manchmal zum Verhängnis und so nannten ihn seine im Zollamt wohnenden Arbeitskollegen „Hans der Glaser". Vater hieß mit Vornamen Johann Baptist und wurde Hans gerufen. Wie er zu seinem Spitznamen gekommen ist, will ich nun erzählen.

Wir Kinder haben mit allem geworfen, was als Wurfgeschoss getaugt hat und weil das nicht immer kontrolliert erfolgt ist, passierte es manchmal, dass die Scheibe eines Frühbeets dran glauben musste. Das hat den jeweiligen Hobbygärtner natürlich geärgert. Jeder weiß, dass die Gartenarbeit keine Freude macht, wenn man beim Arbeiten mit Gartenerde immer wieder mal einen Glassplitter in die Hände bekommt und womöglich zu bluten beginnt. Wir Buben haben die Fensterscheiben der Frühbeete unserer

Nachbarn sicher nicht mutwillig beschädigt, aber es ist eben vorgekommen.

Wenn es wieder einmal passierte, war Vater gleich zur Stelle und hat den Gartenbesitzer beruhigt. Er nahm die Maße des entstandenen Luftlochs und schnitt mit seinem Glasschneider – einem bei uns recht häufig gebrauchten Werkzeug – aus Fensterglas eine neue Glasscheibe entsprechender Größe. Vom Glas hatten wir immer einen Vorrat im Keller lagernd. Mit der genau zugeschnittenen Scheibe, Fensterkitt und Spachtel bewaffnet, ging er in Nachbars Garten und schloss fachgerecht das Luftloch im Frühbeet. Er ermahnte uns anschließend eindringlich besser achtzugeben, nicht bei jeder Gelegenheit mit Steinen zu schmeißen und endlich mit diesen Blödheiten aufzuhören, er habe schließlich anderes zu tun, als Fensterscheiben zu reparieren.

Torfmull vom Rohrspitz oder
„Die Beinahehavarie"

Unter den Hobbygärtnern gab auch ziemlich fanatische Zeitgenossen, die mit allen Tricks arbeiteten, um zur Erntezeit die größten Salatköpfe, die längsten Gurken, die süßesten Karotten und die schönsten Blumen ernten zu können. Um das Gemüse zu überwintern, hoben sie Gruben aus, die sie mit Holzbrettern auskleideten, um die Ernte darin frostsicher lagern zu können. Wenn das Gemüse in der Grube schön geschlichtet worden war, hat man sie mit einem Holzdeckel passender Größe verschlossen und mit einer dicken Schicht Erde abgedichtet. So war das Gemüse vor Frost geschützt und blieb lange frisch. Unsere Keller eigneten sich nicht so gut dafür, weil es in ihnen im Winter sehr kalt werden konnte.

Nicht ganz so extrem war mein Vater. Als Sohn einer Bauernfamilie legte er aber größten Wert auf die Bodenbeschaffenheit seines Gartens. Die Gartenerde musste vor allem locker sein, damit man gut mit den Händen drin arbeiten konnte und die Fähigkeit besitzen, möglichst lang Feuchtigkeit speichern zu können. Das konnte man erreichen, wenn man regelmäßig Torfmull in den Boden eingearbeitet hat, was manche der Gartenbesitzer auch gemacht haben. Torfmull war nicht billig, kostete vor allem Geld und Geld war bei uns immer Mangelware. Wir hatten auf jeden Fall viel zu wenig davon, um es im Garten zu vergraben.

Vater wusste aus seiner eigenen Kindheit in Fussach, dass man auch vor seiner Zeit schon immer mit Gondeln an den Rohrspitz gefahren ist, um die dort am Ufer abgelagerten pflanzlichen Verrottungsprodukte zur Verbesserung der Bodenbeschaffenheit im Garten zu nutzen. Diese über viele Jahrzehnte aus Schilf, Blättern, Totholz und anderen Pflanzenteilen entstandenen torfmullartigen Pflanzenreste bildeten oft dreißig bis vierzig Zentimeter dicke Schichten. Dieses Material wurde zum Teil immer wieder von Wellen am Strand angespült. Wollte man es abtransportieren, musste man es, bevor es ins Boot geladen werden konnte, mit Schaufeln, Rechen und Gabeln an einer etwas höher gelegenen Stelle am Ufer in großen Haufen lagern, damit das Wasser ablaufen konnte. Nachdem die Haufen solcherart zwei bis drei Wochen trocknen konnten, ist man sicher gewesen, dass die Ladung für die Rückfahrt mit der Gondel nicht zu schwer wurde. Hatte man einen Haufen errichtet, legte man einen Stein drauf, um zu signalisieren, dass dieser bereits einen Besitzer hatte. So machte man das mit allem, was man aus dem See gefischt hatte, nicht gleich mit nach Hause genommen hat und später zu holen beabsichtigte, auch mit Schwemmholz. Das war damals für alle ein ungeschriebenes Gesetz. Auch wenn man erst nach zwei oder drei Wochen wieder zurückkam, hat man meistens alles immer noch so vorgefunden, wie man es verlassen hatte.

Auch wir sind an den Rohrspitz gefahren, haben unsere Gondel ein Stück weit aufs Ufer gezogen und einen ganzen Tag lang einen riesengroßen Haufen nassen schweren Torfmull aus dem Wasser geschaufelt und ein Stück weiter oben am Ufer zum Trocknen aufgeschüttet. Das ergab sicher mehrere Bootsladungen für unseren Garten. Zwischendurch haben wir die eine oder andere Pause eingelegt und am Mittag die Butterbrote verzehrt, die uns Mutter mitgegeben hatte. Vater hat eine Flasche Bier dazu getrunken und für mich gab es Holundersirup mit Wasser. Am späten Nachmittag sind wir dann müde, aber zufrieden ins Boot gestiegen und mit einem zufriedenen Blick auf unseren Haufen zurück in den Hafen gefahren.

Vater und ich benötigten mit unserer Gondel vom Rohrspitz bis zu unserem Bootsplatz im Harder Hafen etwa eine gute halbe Stunde. Damals war der Rheindamm noch nicht so weit vorgestreckt wie heute, und die Fahrt zum Rohrspitz oder in die Fussacher Bucht dauerte viel kürzer. Vater hatte bereits vor Längerem für unser Boot einen kleinen, gebrauchten Hilfsmotor erstanden, wodurch die ganze Sache wesentlich leichter zu bewerkstelligen war.

Da Vater mich immer mit auf den See genommen hat, fragte er auch diesmal, nachdem drei oder vier Wochen ins Land gezogen waren, ob ich Lust hätte, mit ihm am Rohrspitz den mittlerweile sicher schon getrockneten Torfmull für unseren Garten zu holen. Klar hatte ich Lust! Auf der Fahrt dorthin mussten wir wie immer die Rheinmündung queren.

Das Wasser in der Mündung des Rheins ist meistens schmutziggrau und immer eiskalt. Wenn man mit dem Boot vom See kommend in den Rhein fährt, sinkt die Wassertemperatur gleich um mehrere Grad Celsius. Hier ins Wasser zu fallen wäre allein schon deshalb, aber auch wegen der starken Strömung, mit der der Rhein in den See gedrückt hat, sehr gefährlich gewesen.

An diesem Tag beschlossen wir, eine oder vielleicht sogar zwei Fahrten zu machen und je eine Gondel voll beladen mit Torfmull für unseren Garten zu holen. Obwohl der Torfmull nun trocken und leicht geworden war, hatten wir ordentlich viel Arbeit vor uns. Wir mussten schließlich alles mit den mitgebrachten Körben ins Boot tragen. Und es brauchte viele Körbe, bis die Gondel voll beladen gewesen ist! Jeden Korb kippten wir auf den Gondelboden, den wir zuvor mit großen Tüchern ausgeschlagen hatten, um das Boot danach leichter reinigen zu können. Sobald wir zurück im Hafen waren, musste die ganze

Ladung gelöscht und wieder mit Körben ans Ufer geschleppt werden, wo wir sie ebenfalls auf einen Haufen gekippt haben.

Wenn dann die Bootsfahrten ein oder zwei Tagen später beendet waren und der am Rohrspitz gewonnene Torfmull zur Gänze am Liegeplatz in Hard angelandet worden war, schaufelten wir ihn auf unseren Fahrradhänger und schoben diesen hinters Haus in den Garten. Das war ziemlich harte Arbeit und wir waren immer rechtschaffen müde! Der Lohn dafür war dann die gute Gartenerde, in der Vater herrlich schmeckendes Gemüse anpflanzte, das wir dann später geerntet haben. Gott sei Dank hatten wir es nicht weit, wir mussten ja nur die Straße zwischen Hafen und Haus überqueren.

Am See ändert sich das Wetter oft recht schnell. Ganz besonders im Frühsommer und im Herbst. Davon kann jeder, der sich viel auf dem See aufhält, ein Lied singen. So war es auch an diesem Tag. Wir fuhren nach dem Frühstück mit einer leichten Brise aus West los, hatten also Gegenwind und kamen wohlbehalten am Rohrspitz an. Unsere beiden Tormullhaufen konnten wir schon von Weitem sehen. Nachdem wir die Gondel längsseits am Ufer festgemacht hatten, haben wir mit dem Laden begonnen. Ich füllte die Körbe und Vater trug sie ins Boot. Bis er zurückkam, hatte ich schon wieder den nächsten vollgeschaufelt. Nach einer knappen halben Stunde hatten wir die erste Ladung im Boot. Obwohl sie etwa einen Meter höher als die Bordwand gewesen ist, hat die Gondel sicher noch einen Freibord von zwanzig Zentimetern gehabt. Der trockene Torfmull war sehr leicht. Als ich einen Blick zurück auf die beiden Haufen geworfen habe, dachte ich mir gleich, dass da wohl noch einige Fahrten zu machen sein würden. Vater sagte, ich solle mich vorne am Bug hinsetzen und mir mit den Füßen ein bisschen Platz schaffen, während er die Gondel vom Ufer abstieß und auf den Sitz am Ende des Bootes rutschte. Dann startete er den Motor, der glücklicherweise sofort angesprungen ist, womit man nicht immer hundertprozentig rechnen konnte.

Mittlerweile war es fast elf Uhr am Vormittag geworden und der Wind hatte etwas aufgefrischt. Er kam immer noch aus West und blies damit von hinten in Fahrtrichtung. Die Wellen waren nicht besonders hoch und ich hatte den Eindruck, dass sie uns sogar ein bisschen anschieben wollten. Unsere Ladung war zwar so hoch, dass ich gerade noch den Kopf meines Vaters im Heck der Gondel sehen konnte, aber ich war beruhigt, weil wir mehr als genug Abstand zwischen Oberkante Bordwand und Wasseroberfläche hatten. Unsere Ladung war ja schön trocken und damit auch leicht. Auf der Fahrt Richtung Rheinmündung hatte ich dann plötzlich das Gefühl, dass Vater ein bisschen unruhig geworden sei. Der Wind hatte weiter aufgefrischt und auch der Wellengang hatte zugenommen. Beim Queren der Rheinmündung war es dann so weit. Die aus West von hinten kommenden Wellen trafen auf die von Süden kommende Strömung im Fluss und wir befanden uns plötzlich mitten im eiskalten Kabbelwasser des Rheins.

Unter Kabbelwasser versteht man eine unruhige Wasseroberfläche, wo die Wellen aufgrund von Wind und Strömung gleichzeitig aus verschiedenen Richtungen aufeinandertreffen. Sind die Wellen hoch genug, um mit dem Wind Schaumkämme zu bilden, gibt es Spritzwasser, wenn sie gegeneinander laufen.

Vater hätte natürlich das Mündungsgebiet großräumig umfahren können, aber dann hätte er einen Umweg in Kauf nehmen müssen. Aufgrund des schlechter werdenden Wetters wollte er aber so schnell wie möglich zurück im Hafen sein. Immer öfter sahen wir Wasser ins Boot spritzen, das sofort vom trockenen Torfmull aufgesaugt wurde. Nach ein paar Minuten merkte Vater offensichtlich, wie das Boot schnell schwerer wurde und immer tiefer im Wasser zu liegen kam und er brüllte plötzlich: „Hilf mit, raus mit dem Dreck!" Er begann bei laufendem Motor panikartig den Torfmull über Bord zu schaufeln. Ich war richtig erschrocken und schaufelte wie verrückt mit. Als wir etwa die Hälfte der Ladung über Bord hatten, sahen wir den darunter liegenden, trägen und schweren Matsch, den wir unbedingt über Bord bekommen mussten, wenn wir nicht volllaufen wollten. Unsere Chancen, bei diesem Wellengang im eisigen Wasser des Rheins heil davon zu kommen, wären wahrscheinlich gleich null gewesen. Wir schufteten eine ganze Weile wie verrückt und es gelang uns schließlich, den größten Teil der Ladung loszuwerden. Mittlerweile waren wir vom Rhein und seiner Strömung ein ganzes Stück weit in den See hinaus getrieben worden. Müde und froh darüber, dass wir es geschafft hatten, konnten wir die Fahrt fortsetzen und nahmen Kurs auf den Hafen.

Holzaktion am See - „Holza"

„Holza" ist eine Leidenschaft, die aus Hard nicht wegzudenken ist, auch wenn dieser Tätigkeit heutzutage nur noch wenig Einheimische nachgehen. In meiner Kindheit war es noch so, dass fast alle Haushalte ihre Häuser und Wohnungen mit Holz beheizt haben. Mit an Sicherheit grenzender Wahrscheinlichkeit brachten Rhein und Bregenzerache mit der Schneeschmelze oder auch nach starken Regenfällen im Gebirge Unmengen von Holz mit sich. Nach der Schneeschmelze konnte man oft erleben, dass der Rhein und die Bregenzer Ache solche Mengen von Holz in den See gespült hatten, dass das Wasser im Mündungsgebiet tagelang damit bedeckt war. Jetzt war Holzaktion angesagt. Jeder Bootsbesitzer bewaffnete sich mit einem Seil zum Abschleppen schwerer Stämme und natürlich auch mit dem Beil, einer Säge, dem Handsappie, zwei, drei Klammhaken und dem langen Flößerhaken. Dann machte er sich auf den Weg zu seiner Gondel. Nun ging es an die Rheinmündung oder zur näher gelegenen Bregenzerache und jeder Holzer versuchte, so viel Holz wie möglich anzulanden. Tagelang konnte man danach am Ufer die Holzhaufen sehen, die anschließend in mühevoller Arbeit zu Brennholz verarbeitet worden sind.

Oft sind ganze Stämme manchmal bereits entastet und geschält, den Rhein heruntergeschwommen und von den Holzern abgeschleppt worden. Es war sogar üblich, dass man an solchen Tagen nicht zur Arbeit gegangen ist. Man wollte solche Gelegenheiten nützen und den Brennholzvorrat für den Winter beschaffen.

Hard liegt, so wie es schon im „Harderlied" festgehalten ist, zwischen Bregenzer Ache und Rhein, und es ist klar, dass der See im Mündungsgebiet dieser beiden Flüsse oft über und über mit Holz bedeckt gewesen ist. Wenn in den Bergen Lawinen abgegangen waren und in der Folge tagelang schlechtes Wetter geherrscht hat, konnte es vorkommen, dass die Wasseroberfläche im Mündungsgebiet so dicht mit ineinander verkeiltem Holz und Geäst bedeckt gewesen ist, dass man beinahe ohne unterzugehen darauf hätte laufen können. Wichtig zu wissen ist, dass das Mündungsgebiet des Rheins in meiner Kindheit viel weiter landeinwärts gelegen ist, weil die Dämme beidseits des Rheins noch nicht so weit in den See vorgestreckt waren. Damals konnten wir vom Harder Hafen aus direkt westwärts über die Rheinmündung in die Fussacher Bucht fahren. Der Weg von unserem Bootsplatz zur Rheinmündung war also deutlich kürzer als heute. Das ist vor allem jenen Gondelbesitzern zugutegekommen, die noch keinen Hilfsmotor besessen haben und von Hand rudern mussten.

Das Holzen war gar nicht ungefährlich. Ich selbst habe einmal einen Gondelbesitzer gesehen, der mit seiner vollgelaufenen Gondel vor der Hafeneinfahrt in Hard auf Hilfe gewartet hat. Offensichtlich hatte er zu viel geladen und die Wellen sind über den Kranz des Bootes geschwappt. Die Gondel konnte ja nicht untergehen, weil sie aus Holz gemacht war, aber das Ausschöpfen war auch kaum möglich, weil sie nur mehr ein paar Zentimeter aus dem Wasser geschaut hat und bei jeder Bewegung von Neuem vollgelaufen ist.

Vor allem wenn man vor lauter Gier nach Holz immer weiter in das angeschwemmte Treibholz vor der Mündung hineingefahren ist, konnte es vorkommen, dass man eingeschlossen wurde und über längere Zeit nicht wieder ins freie Wasser gelangt ist. Dann ist man von der Strömung oft eine halbe Stunde oder länger mit dem Schwemmholz im Kreis getrieben worden. Daraus hat man natürlich versucht, das Beste zu machen, um den einen oder anderen Brocken ins Boot zu bekommen. Irgendwann ist man dann doch immer wieder ins freie Wasser gespült worden.

Mein Bruder, der Diskuswerfer

Vater tat für uns wirklich alles, was er konnte, und so baute uns auch einmal einen Hasenstall. Den Platz dafür fand er im hinteren Teil unseres Gartens. Den Stall stellte er auf eine Holzplatte, die er auf vier in den Boden gerammte Pfähle montiert hat. Dabei achtete er darauf, dass die Ablage eine Höhe hatte, die uns beiden Buben angepasst war. Er meinte, dass der Stall dadurch leichter zu reinigen sei. Außerdem hatte er die Platte so groß zugeschnitten, dass neben dem Stall noch genug Platz war, um das eine oder andere Gerät oder Gefäß, das wir zum Reinigen benötigt haben, abzulegen. Der Rest hatte unterm Stall in einer Kiste Platz.

Wir hatten wirklich Freude damit und durften uns bei einem Nachbarn ein Kaninchen aussuchen, das auch gleich einen Namen von uns bekommen hat. Leider weiß ich nicht mehr, auf welchen Namen wir das Kaninchen damals getauft haben. Wir polsterten den Stall mit Stroh aus, fütterten das Tierchen mit Hasenblättern – so nannten wir ein Kraut, das überall gewachsen ist und angeblich von den Hasenartigen geliebt wird – gaben ihm ab und zu auch mal eine Karotte oder ein bisschen hartes Brot und versorgten es regelmäßig mit Wasser. Das ging ein paar Wochen recht gut.

Als bei meinem jüngeren Bruder die anfängliche Begeisterung einer gewissen Ernüchterung gewichen war, weil das Kaninchen nicht nur Freude bereitet, sondern auch Arbeit gemacht hat, an der mein Bruder als Kind nie besonders interessiert gewesen ist, begann das Schicksal seinen Lauf zu nehmen. Ich glaube, dass er zu diesem Zeitpunkt bereit gewesen wäre, mir seinen Hälfteanteil an unserem Kaninchen gratis und ohne jede Gegenleistung zu übertragen. Das brachte er auch bei einer weiteren Begebenheit auf ganz krasse Weise zum Ausdruck.

Es war an einem dieser ungeliebten Sonntagnachmittage, als wir von unseren Eltern wieder einmal zu einem Besuch bei Bekannten gezwungen worden waren. Bei diesen Leuten gab es für uns nichts zum Spielen und so wurde uns bald stinklangweilig. Die von unserer Mutter ausgesuchten Sonntagskleider waren auch unbequem und vor allem mein kleiner Bruder beschwerte sich andauernd. Er trug an diesem Nachmittag seine an einem Strumpfgurt befestigten langen Strümpfe, was ihn offensichtlich sehr gestört hat, da sie beim Sitzen immer verrutscht sind. Ein solcher Straps wurde unter der Hose getragen. Er hatte je nach Fabrikat zwei oder vier elastische Bändchen mit Spangen zum Befestigen der Strümpfe. Man verfuhr

214

dabei so, dass man an einer geeigneten Stelle auf der Strumpfinnenseite einen Groschen oder einen Knopf so mit dem Strumpf gefasst hat, dass man den vom Strumpf überzogenen Knopf in der dafür vorgesehenen Spange einklemmen konnte. Für jeden Schenkel gab es eine oder zwei Spangen. Als äußerst peinlich empfanden wir es, wenn die ehemals elastischen Bändchen des Strapses unter den kurzen Hosen hervorzulugen begannen und für alle anderen damit sichtbar geworden sind.

Ich wusste natürlich genau, wie sich mein Bruder mit dieser grauenhaften Erfindung gefühlt hat, schließlich war es noch gar nicht so lange her, dass auch ich mit diesem Teufelszeug bekleidet herumlaufen musste. Gott sei Dank war ich jetzt schon aus diesem Alter heraus und durfte normale Kleider tragen, auch wenn es sich dabei immer um Geschenke von Verwandten und Bekannten gehandelt hat, deren Kinder bereits aus den Kleidern herausgewachsen waren, in die mich Mutter mehr oder weniger bald hineinwachsen sehen hatte.

Meine Eltern hatten es mit unseren Bekannten an diesem Sonntag so gemütlich, dass diese uns noch im Laufe des Nachmittags ziemlich spontan zu einem Gegenbesuch nach Hause begleitet haben. Sie hatten offenbar beschlossen, mit uns das Abendessen einzunehmen. Bei uns zu Hause angekommen, entledigten wir uns so schnell es ging unserer Sonntagskleidung und holten unsere Alltagsklamotten heraus, in denen wir uns wohlfühlten. Rechtzeitig, bevor wir uns aus dem Staub machen konnten, trug uns Vater noch auf, den Hasenstall auszumisten, bevor es dunkel werde. Unserem Kaninchen sollten wir unbedingt noch frisches Wasser geben, meinte er. Da uns alles lieber gewesen ist als mit unseren Gästen am Tisch sitzen zu müssen, haben wir uns an die Arbeit gemacht. Im Garten angekommen besprach ich mit meinem kleinen Bruder, wie ich mir die Arbeitsteilung vorstelle.

Weil ich seinen unbändigen Arbeitsdrang bestens kannte, sagte ich ihm, er solle den recht schweren, zweigeteilten, tönernen Fressnapf auswaschen und mit frischem Wasser füllen und ich sei im Gegenzug bereit, die ohnehin viel unangenehmere Arbeit der Stallreinigung zu übernehmen. Daraufhin ließ ich meinen Bruder das Kaninchen aus dem Stall nehmen und auf die Wiese neben unserem Garten tragen. Dort durfte es, während ich den Stall gesäubert habe, unter einem etwa einen Quadratmeter großen, mit Maschendraht verkleideten Gestell, aus dem es nicht flüchten konnte, frisches Gras rupfen. Mein Bruder kam zurück, nahm widerwillig das ziemlich schwere Tongefäß aus dem Kaninchenstall heraus und legte es in einiger Entfernung vom Kaninchen ins Gras. Dann schaute er ihm beim Fressen zu. Ohne mich weiter um die beiden zu kümmern, begann ich mit einer kleinen Schaufel den auf einige Zentimeter Höhe angewachsenen Mist aus dem Stallboden herauszukratzen. Nachdem ich alles sauber gemacht und den Mist auf im Garten auf dem Komposthaufen deponiert hatte, nahm ich das noch immer nicht gereinigte und von Futterresten verklebte Tongefäß auf, warf es meinem Bruder vor die Füße und forderte ihn auf, endlich seinen Job zu machen. Mein Bruder schnappte sich das Gefäß und schmiss es wieder zu mir zurück mit der Bemerkung, das Kaninchen sei ja ganz allein meine Idee gewesen. Das tönerne Geschirr war ziemlich dickwandig und schwer, sodass es auf dem Rasen auch als Wurfgeschoss verwendet werden konnte, ohne beim Hin- und Herschmeißen kaputt zu gehen. Ich wusste nicht so recht, wie ich meinen Bruder dazu bewegen sollte, endlich dieses Gefäß auszuwaschen, warf es ihm wieder vor die Füße und lief gleich davon. Nach den ersten zwei, drei Schritten blieb ich abrupt stehen und drehte ich mich noch mal um, um zu sehen, welche Antwort er parat hatte.

Ohne auch nur irgendetwas gesehen zu haben, spürte ich an meiner linken Schädelhälfte einen harten Schlag. Es tat höllisch weh und ich hatte Mühe, mich auf den Beinen zu halten. Vom Ohr – wo mich das Tongeschirr getroffen hatte – rann das Blut direkt in meinen Kragen. Das sehr dickwandige und schwere Tongeschirr lag in zwei Teile zerbrochen im Gras. Als ich mein Ohr betastete, spürte ich sofort. dass es am oberen Rand eingerissen war.

In unserer Nachbarschaft, nur zwei Häuser von uns entfernt, hatte unser Hausarzt seine Praxis. Ohne uns lange aufzuhalten, sind wir hinüber gerannt und haben so lange geklingelt, bis uns seine Frau die Tür öffnete. Es war Sonntag Abend und noch während sie ihren Mann rief, führte sie uns in den Warteraum. Der kam gleich darauf und sah sich mein Ohr an. Nachdem er es gereinigt und eingehend untersucht hatte, meinte er nur: „Du bekommst von mir jetzt zwei Klammern ins Ohr, damit alles wieder schön zusammen wachsen kann, und dann kommst du morgen früh zur Kontrolle. Verstanden?"

Gesagt, getan. Ich kann mich nicht daran erinnern, vom Arzt vor Beginn der Operation eine örtliche Betäubung bekommen zu haben. Ich weiß nur noch, dass das Klammern sehr schmerzhaft gewesen ist, und ein ganz unangenehmes Geräusch gemacht hat, das allein schon deshalb unüberhörbar war, weil das Ganze so nah an meinem Ohr stattgefunden hat.

Was ich meinem Bruder zugutehalte – auch wenn er mir den schweren tönernen Fressnapf an den Kopf geschmissen hat – ist, dass er nach seiner Attacke nicht gleich das Weite gesucht hatte, sondern mich zum Arzt begleitet hat. Das war für mich Beweis genug dafür, dass wenigstens eine Spur Mitgefühl in ihm gesteckt hat. Er musste sogar leidensfähig gewesen sein, weil ich genau gesehen habe, wie er mit schmerzverzerrtem Gesicht zugeschaut hat, als mir die Klammern verpasst worden sind. In diesem Moment ist ihm sicher klar geworden, wie sich damals eine Bahnkarte gefühlt haben muss, wenn sie vom Schaffner mit der Zange entwertet worden ist. Auch das konnte man richtig gut hören!

Mit blutgetränktem Hemdkragen und schneeweißem Kopfverband bin ich danach zu Hause angekommen. Mein kleiner Bruder hatte einen richtig roten Kopf, weil er zurecht Ungemach befürchtete. Unsere Eltern samt Besuch waren natürlich erschrocken, als sie mich zu sehen bekamen. Mutter meinte, nachdem ich die Geschichte erzählt hatte, dass es wohl besser sei, wenn ich mich gleich ins Bett legte, es sei ja ohnehin schon spät.

Meinem Bruder ist ein Stein vom Herzen gefallen und er war erleichtert, dass ich die Wahrheit ein bisschen zurechtgebogen hatte. Ich beschrieb nämlich den Tathergang etwas anders, indem ich erzählte, ich sei beim Reinigen des Hasenstalles ausgerutscht und so unglücklich gefallen, dass ich mir das Ohr eingerissen habe. Während wir uns ins Bett verzogen, muss ihm wohl eingefallen sein, dass sich unser Kaninchen immer noch in seinem Käfig auf der Wiese befand und die Nacht aus Sicherheitsgründen unbedingt im Stall verbringen sollte. Da wir Buben ein gemeinsames Zimmer teilten, konnte er mir dann noch vom Umzug unseres Kaninchens in den Stall berichten und auch davon, dass er ihm frisches Futter und Wasser in einem anderen Geschirr gegeben habe. Die im Gras liegenden Scherben habe er vorsorglicherweise entsorgt und er habe sogar noch etwas frische Streu im Hasenstall ausgebreitet. In den nächsten paar Tagen war er ungewöhnlich hilfsbereit, man könnte fast sagen handzahm. Er hat mir in vorauseilendem Gehorsam jeden Wunsch von den Augen abgelesen. Das hat aber wirklich nur ein paar Tage angehalten. Danach war wieder alles wie zuvor.

Der Hasenbraten

Bevor ich an dieser Stelle von einem weiteren todbringenden Ereignis zu berichten beginne, möchte ich den von mir stets bewunderten Wilhelm Busch zitieren, der geschrieben hat: „Eins, zwei, drei im Sauseschritt läuft die Zeit. Wir laufen mit." Diese Tatsache galt natürlich auch für unser Kaninchen und nachdem es ein paar Monate „mitgelaufen" war, ist der Tag gekommen, an dem Vater uns fragte, wie denn unser Verhältnis zum Kaninchen sei und wie wir uns das weitere Zusammenleben mit dem Langohr vorstellten. Es war, so glaube ich mich erinnern zu können, an einem ziemlich kühlen Tag im November.

Wir Buben schauten uns verdutzt an und konnten mit seiner Fragerei nicht so recht etwas anfangen. Zum besseren Verständnis erklärte er uns, dass er eigentlich keine Lust habe, immer häufiger für uns den Stallknecht zu spielen und dass er sich gut vorstellen könne – unser Einverständnis vorausgesetzt – aus dem Kaninchen einen Hasenbraten zu machen. Bei meinem Bruder machte sich gleich Verständnis, gepaart mit einer gewissen Erleichterung breit, da er diesfalls kein schlechtes Gewissen mehr zu haben brauchte. Ihm war natürlich bewusst, das Kaninchen viel zu oft vernachlässigt zu haben. Ich wiederum wollte auf keinen Fall auch nur die geringste Form von Trauer zeigen und gab mit dem Kopf nickend mein Einverständnis zum noch zu vollstreckenden Todesurteil.

Zu guter Letzt habe ich dann doch noch von meiner Entscheidung profitiert. Vater fragte mich am nächsten Tag, ob ich bei der Tötung des Kaninchens dabei sein möchte, denn er würde mir gerne zeigen, wie das ganz human und auf eine völlig schmerzlose Art geschehen könne. Lernbegierig, wie ich nun einmal war, hatte ich sofort Interesse, machte meine Mittäterschaft aber von seinem Versprechen abhängig, nicht mein eigenes Kaninchen verspeisen zu müssen.

Also gingen wir in den Garten und Vater holte das schöne, gut gemästete Tier aus dem Stall. Das Kaninchen war ganz zutraulich und ließ sich von ihm ohne Scheu auf den Arm nehmen. Ich verriegelte die Stalltüre und wir gingen zurück zu unserem Schuppen beim Keller. Er bat mich, das Kaninchen zu halten, während er den Stiel einer Axt und ein längeres Messer suchte. Utensilien dieser Art hatten wir immer im Keller herumliegen. Dann fasste er das Kaninchen an den Ohren, was diesem gar nicht wehzutun schien und hob es in die Höhe. Nun forderte er mich auf, genau drauf zu achten, an welcher Stelle am Genick er das Kaninchen mit dem Axtstiel treffen werde. Dann folgte ein kurzer, kräftiger Schlag, das Kaninchen zappelte noch ein paarmal mit den Hinterbeinen und war tot. Nun verpasste er dem Kaninchen noch einen Schnitt seitlich am Hals und schon begann das Blut auf die Erde zu rinnen.

Nachdem ich der Hinrichtung tapfer beigewohnt hatte und das Kaninchen ausgeblutet war, meinte Vater, er wolle mir nun auch noch zeigen, wie man aus einem mit Fell bekleideten Kaninchen ein zum Verzehr geeignetes Stück Fleisch mache. Auch das interessierte mich natürlich und so machten wir uns an die Arbeit. Ich musste ja nur zusehen. Wir gingen wieder in den Schuppen zurück und Vater legte den Leichnam des toten Tieres auf seine Werkbank. Nachdem er zwei geeignete Nägel gefunden hatte, nagelte er das Kaninchen mit den Hinterläufen an die Holzwand des Schuppens.

Nun hing es da mit dem Rücken zur Wand und mit dem Kopf nach unten. Zuerst löste Vater mit seinem spitzen, scharfen Messer das Fell an den Hinterläufen. Danach begann er an der Stelle, wo die Reste der verdauten Nahrung den Körper wieder verlassen, das schöne, seidige Fell am Bauch vorsichtig hinunter bis zum Kopf aufzuschneiden. Am Hals angekommen ging es dem Kaninchen noch einmal an den Kragen. Vater trennte den Balg vom Kopf und zog das Tier mit einem Ruck nackend aus. Von der ehemals von Kopf bis Fuß durchgängigen Behaarung war nur noch etwas am Kopf und an den vier Pfoten zu sehen. Das Fell legte er zum Gerben auf die Seite. Unsere kleine Schwester hat dann später gerne und oft damit gespielt.

Nachdem kurz der Wetzstein zum Einsatz gekommen war, begann er an der Stelle, wo er mit dem Enthäuten angefangen hatte, das Kaninchen aufzuschneiden und den Bauch zu öffnen. Nun holte er nach und nach die Innereien heraus und zeigte mir Herz, Lunge, Leber mit Gallenblase, die beiden kleinen Nieren, den Magen und das Gekröse. Das Herz legte er zusammen mit den Nieren und der Leber in ein Schälchen, weil diese Teile ebenfalls zum Verspeisen gedacht waren. Den Rest hat er später im Garten vergraben und als Dünger benützt. Nachdem er das von den Innereien befreite Kaninchen von der Wand genommen hatte, trug er es zum Hackstock, den wir normalerweise zum Brennholz machen benützen, und schlug ihm mit dem Beil die vier Pfoten und den Kopf ab. Dann zerlegte er den Torso mit dem Messer, indem er ihm die Vorder- und Hinterbeine abtrennte und den Rücken von den dünnen Rippen an beiden Seiten befreite. Nun durfte ich das beinahe bis zur Unkenntlichkeit verstümmelte Kaninchen mit dem Rest seiner funktionslos gewordenen Innereien zu Mutter in die Küche tragen.

Dort angekommen schlug Mutter, als sie das viele Fleisch zu sehen bekam, in perfekt gespielter Vorfreude die Hände überm Kopf zusammen wohl wissend, dass demnächst eine größere Herausforderung zu meistern sein werde. Schließlich ist es auch für eine gestandene Hausfrau eine nicht zu unterschätzende Herausforderung, aus dem zerschnippselten Torso eines Kaninchens einen perfekten Hasenbraten auf den Tisch zu zaubern. Am darauf folgenden Sonntag war es dann soweit: Es gab Hasenbraten mit viel brauner Soße und Frikadellen, hergestellt aus den essbaren, mithilfe des Fleischwolfs zerkleinerten Innereien des Kaninchens und unter Verwendung von reichlich Semmelbröseln, Ei, Zwiebeln und Gewürzen. Knoblauch und Petersilie durften natürlich nicht fehlen. Das Rezept dafür hat sie von ihrer Mutter abgekupfert. Großmama hat dasselbe mit den Innereien der Hühner gemacht.

Zum Hasenbraten gab es Kartoffelpüree. Die Frikadellen mit Soße und Kartoffelpüree haben mir wirklich gut geschmeckt und ich bereue es im Nachhinein, das gut aussehende Fleisch des Hasenbratens nicht wenigstens probiert zu haben. Mittlerweile weiß ich nämlich, wie gut ein Hasenbraten schmecken kann, nachdem ich von einem guten Freund öfter mal ein Kaninchen geschenkt bekomme, wenn er von mir bekocht werden möchte.

Cavia Porcellus -
Das gemeine Meerschwein

Ich hatte gehört, dass Meerschweinchen und Kaninchen mehr oder weniger die gleiche Nahrung brauchen. Zur Fütterung brauchte ich also keine neuen Anweisungen, da kannte ich mich aus. Weil unser Kaninchen bereits als Hasenbraten irgendwo im Nirwana herumgehoppelt ist und seine Gartenwohnung frei geworden war, habe ich Vater um Erlaubnis gefragt, ob ich mir zwei oder drei der possierlichen Tierchen anschaffen dürfe.

Vater stimmte gleich mal zu, meinte aber, falls er wieder – wie schon beim Kaninchen – zum Stallhelfer berufen werde, müsse ich damit rechnen, dass die Meerschweinchen über kurz oder lang im Schwäbischen Meer landen würden. Ich versprach hoch und heilig diesmal alles besser zu machen und die Verantwortung für die Stallbewohner ganz alleine übernehmen zu wollen.

An einem sonnigen, warmen Tag im Mai war es dann soweit. Von einer uns bekannten Familie in der Nachbarschaft, die immer schon Hasen und Meerschweinchen gehalten hatte, wusste meine Mutter,

dass wieder einmal ein frischer Wurf kleiner Meerschweinchen das Licht der Welt erblickt hatte. Sie
begleitete mich dorthin und ich durfte mir drei aussuchen. Ich steckte die Tierchen in eine mitgebrachte
Schuhschachtel und trug sie in unseren Garten. Den
Hasenstall hatte ich schon vor Tagen schön hergerich-
tet, den Boden mit frischem Stroh ausgelegt und den
neuen Fressnapf mit Karottenstückchen und einem
halben Apfel gefüllt. Die Kleinen schienen sich gleich
wohlzufühlen und ich hatte in den nächsten Wochen
meine Freude daran. Sie wuchsen sehr schnell. Mir
kam vor, dass die Wohnung für die drei recht klein
sei. Also nahm ich eines nach dem anderen heraus
und ließ sie in unserer Wiese daneben frei laufen. Das
schien ihnen gutzutun. Sie zupften gleich am frischen
Gras und an ein paar Kräutlein. Immer wieder versuchte eines auszubüchsen und ich hatte alle Hände
voll damit zu tun, sie beisammenzuhalten. Solange
das Wetter schön gewesen ist, habe ich die Drei immer wieder mal auf die Weide gelassen.

Irgendwann habe ich Vater gefragt, ob er mir aus
ein paar alten Brettern einen rechteckigen, oben offenen Verschlag von etwa eineinhalb Metern Länge
und einem Meter Breite anfertige, der sich von mir
ohne fremde Hilfe leicht transportieren lasse und in
dem meine Meerschweinchen unbeaufsichtigt von
mir frisches Gras fressen konnten. Den Verschlag
konnte ich, sobald die Meerschweinchen wieder zu-

rück in ihrem Stall gewesen sind, an unseren Gartenzaun lehnen. Am darauffolgenden Tag suchte ich für den Verschlag auf der Wiese einen neuen Platz, damit die Tierchen wieder frisches Gras bekamen.

Das klappte wunderbar, ich musste die Meerschweinchen nicht permanent beaufsichtigen, die anderen Kinder vom Hof durften sie streicheln und ich konnte zwischendurch meiner Wege gehen. Den ganzen Sommer über handhabte ich das so. Ich musste die Meerschweinchen bei ihrem Freigang nicht dauernd beaufsichtigen und konnte zwischendurch mit dem einen oder anderen Kumpel baden gehen. Auch Vater und die Meerschweinchen waren zufrieden.

Dann geschah etwas, womit ich überhaupt nie gerechnet hatte. Die Sommerferien gingen dem Ende zu, der Herbst hatte sich schon angekündigt und ich wollte meine drei Meerschweinchen in ihren Stall bringen. Kaum hatte ich unsere Wiese beim Garten betreten, hörte ich ein lautes Quieken und musste hilflos zusehen, wie der schwarz-weiße Kater eines Schulkollegen mit meinem zappelnden Meerschweinchen im Maul über die Wiese geflüchtet und über den Zaun auf die Straße gesprungen ist. Das war ein richtiger Schock für mich und obwohl ich dem Kater sofort nachgerannt bin, war der schon über alle Berge, als ich auf der Straße angekommen war.

Als Erstes habe ich gleich die beiden verschont gebliebenen Artgenossen in den Stall gebracht, damit sie sich unterm Stroh verstecken konnten. Das haben sie eigentlich immer so gemacht und ich hatte auch nicht den Eindruck, dass ihnen ihr tierischer Bruder abgegangen wäre. Ganz im Gegenteil, sie schienen ihn überhaupt nicht zu vermissen!

Natürlich habe ich mich bei meinem Schulkameraden ausgiebig über seinen Kater beschwert. Der hat sich zwar alles angehört, aber keinerlei Mitgefühl erkennen lassen. Ganz im Gegenteil. Er meinte nur: „Gott sei Dank hat der Kater endlich mal was Gescheites zu fressen bekommen!" Das hat mich so wütend gemacht, dass ich ihm bei der nächsten sich bietenden Gelegenheit die Luft aus beiden Reifen seines Fahrrades ausgelassen und die Ventile weggeschmissen habe.

Kraut und Rüben

Mehrere Jahre lang beackerte Vater neben unserem Garten auch noch ein Stück Land zum Anbau von Feldfrüchten. Dieses Grundstück befand sich unweit der Dammstraße nach Lustenau, in der Nähe des Lustenauer Kanals. Äla hat dieses Grundstück, auf dem bis in die 1930 Jahre noch Heu gemacht worden war, geschenkt. Vater ließ dann das schon seit Längerem nicht mehr bewirtschaftete Feld von einem befreundeten Bauern pflügen und schon war ein Acker draus geworden. Ich vermute, dass Älas Geschenk als Bestechungsgeld dafür gedacht war, dass Vater so oft wie möglich zum Kartenspielen kommen solle.

Vor allem Kartoffeln, Steckrüben, Weißkraut und Stangenbohnen haben wir dort gepflanzt. Dafür wäre in unserem Garten hinterm Zollamt wohl zu wenig Platz gewesen. Unser Garten war für Karotten, Radieschen, Bierrettich, Salat und junge Erbsen gedacht. Auch Sprossenkohl gab es im Garten. Den konnte Mutter bis in den tiefen Winter hinein ernten. Stachelbeeren, Johannisbeeren, Himbeeren und Brombeeren sind ebenfalls gewachsen. Auch Gladiolen, Nelken, Narzissen und Löwenmaul hat Vater im

Garten angepflanzt. Die Kartoffeln vom Acker haben wir selber verkocht, von den Stangenbohnen hat Mutter etwa die Hälfte an einen Greißler in unserer Nachbarschaft verkaufen können, von den Steckrüben hatten wir im Winter unsere Räba gekocht, das Weißkraut ist irgendwann zu Sauerkraut geworden.

Der Ackerboden dort war schwierig zu bearbeiten, vor allem wenn es länger nicht geregnet hatte. Dann wurde der lehmhaltige Boden oft hart und bekam Risse und es war gut, dass Vater als Zöllner selten müde von der Arbeit nach Hause gekommen ist. So konnte er seine oft überschießende Arbeitswut an der Feldarbeit auslassen. Bei uns Buben löste das Geschenk unserer in Fußach beheimateten Großmutter eher wenig Begeisterung aus, weil wir gleich geahnt haben, dass es für uns viel ungeliebte Arbeit mit sich bringen würde. Wir hätten es eher vorgezogen, mit Freunden zu spielen, statt unter Vaters Aufsicht mit Hacke und Rechen den Acker zu bearbeiten. Vor allem im Sommer wären wir lieber Angeln oder Baden und Schwimmen gegangen. Schließlich waren wir ja nur durch die Straße vor dem Haus vom nahen Seeufer getrennt. Sobald wir diese Straße überquert hatten, konnten wir schon ins Wasser springen. Wer kann das schon!

Wenn Feldarbeit angesagt war, packte uns Vater samt Gartenwerkzeug auf seinen Fahrradanhänger und fuhr mit uns aufs Feld. Mutter kam ebenfalls mit dem Fahrrad, später dann mit ihrem Vélosolex und unserer kleinen Schwester auf dem Gepäckträger nachgefahren. Das Solex war ein lustiges Gefährt. Man konnte dieses Mofa wie ein Fahrrad benützen oder auch mit Motor fahren. Wenn man den Hebel an der vorderen Fahrradgabel ausgehängt hat, konnte der kleine Motor mit dem Reibrollenantrieb auf das Vorderrad abgesenkt werden. Nun musste man nur noch lostreten und schon ging's los. Gas und Bremse waren mit einem einzigen Griff zu bedienen. Der Motor brauchte sehr wenig Treibstoff und so konnte man mit einer Tankfüllung bequem auch nach Mäder zu unseren Großeltern und wieder zurückfahren. Es wog weniger als dreißig Kilo und brauchte auf hundert Kilometer nicht mehr als eineinhalb Liter eines Benzin-Öl-Gemisches. Dabei konnte man eine Maximalgeschwindigkeit von etwa fünfunddreißig Stundenkilometern erreichen. Man kann sich vorstellen, dass wir Buben jede Gelegenheit genutzt haben, um damit ein paar Runden zu drehen, und so kam es natürlich ab und zu vor, dass wir auf dem holprigen Feldweg gestürzt sind. Meistens kamen wir glimpflich davon, wenn auch das Solex die eine oder andere Blessur davongetragen hat.

Wenn es auf den Acker ging, war die Arbeitsmoral meiner Geschwister nie besonders groß. Unsere kleine Schwester Thamar fragte mit weinerlicher Stimme, schon gleich, nachdem sie vom Fahrrad geklettert war, wann es wieder nach Hause gehe, und mein Bruder Rinaldo hatte sehr schnell herausgefunden, dass es vorteilhaft sein konnte, wenn man sich bei der Feldarbeit ungeschickt anstellte.

Vater geriet regelmäßig in Rage, wenn er zusehen musste, wie ungeschickt sich sein jüngerer Sohn bei der Arbeit angestellt hat, und schickte ihn nach einiger Zeit immer vom Acker. Während ich mit Vater und Mutter im Acker malochte, trollte er sich zum nahen Bach und schaute den Forellen zu oder er kletterte auf den Bäumen herum. Dieser Trick war so einfach und genial, dass mein Bruder ihn von da an bei jeder sich bietenden Gelegenheit immer wieder mit großem Erfolg angewendet hat.

Irgendwann im Herbst war dann Erntezeit. Für uns war das in erster Linie deshalb erfreulich, weil wir wussten, dass wir während des vor uns liegenden halben Jahres unsere Eltern nicht mehr auf den Acker begleiten mussten. Die Feldfrüchte und alles, was Vater und Mutter daraus gemacht haben, haben wir natürlich gerne gegessen. Ganz besonders erwähnenswert sind zum Beispiel unser Sauerkraut und unsere Räba. Nachdem wir zwei Weidenkörbe voller Krautköpfe geerntet hatten, hat Vater sie zu Hause klein gehobelt und schichtweise unter Zugabe von Salz, Wacholder und Kümmel in einem großen Gärtopf aus Steinzeug eingemacht. Für das Weißkraut hatte Vater einen ganz speziellen hölzernen Krauthobel.

Nachdem der Topf gefüllt gewesen ist, legte Vater einen kreisrunden, hölzernen Deckel auf das eingelegte Kraut, den er abschließend mit einem Stein beschwert hat, um etwas Druck zu erzeugen. So wurde das Kraut zusammengepresst und die bei der Fermentation entstehende Flüssigkeit herausgedrückt. Unser selbst gemachtes Sauerkraut hat mir immer so gut geschmeckt, dass ich sehnsüchtig darauf gewartet habe bis es genussfertig gewesen ist.

Dasselbe machte er mit den Steckrüben. Von denen ernteten wir auch Jahr für Jahr zwei oder drei Weidenkörbe. Das Einmachen dieses Gemüses hat etwas mehr Arbeit gemacht, weil man die Steckrüben zuerst waschen und in dünne Scheiben hobeln musste. Sobald alle Rüben in Scheiben gehobelt waren, stellte man nach und nach immer eine Handvoll dieser Scheiben senkrecht auf die Hobelmesser des Krauthobels und hobelte sie zu feinen Stäbchen. Dann ging's genau so weiter wie schon beim Weißkraut, nur dass Vater hier – soweit ich mich erinnern kann – außer Salz nichts weiter dazugegeben hat. Auch die gehobelten Steckrüben kamen Schicht für Schicht in einen Gärtopf aus Steingut, wir hatten ja zwei davon. Dann wurden sie mit einem runden Holzdeckel abgedeckt und mit einem großen Stein beschwert. Schon bald begann der Inhalt zu schäumen und man konnte sehen und riechen, dass sich etwas tat.

Ein paar Wochen später war es dann so weit

und wir konnten, je nach Wunsch, Sauerkraut oder saure Rüben genießen. Deckel und Stein legte man nach jeder Entnahme wieder auf das Kraut. Wenn der Deckel mit dem Stein in der Flüssigkeit zu versinken drohte, hat Vater diese abgeschöpft. Er hat mir manchmal davon zu trinken gegeben, weil er gemeint hat, es sei gesund. Man konnte den Saft zwar trinken und er schmeckte nicht einmal besonders übel, aber jede Limonade hat mir natürlich besser geschmeckt. Von Zeit zu Zeit bürstete er Holzdeckel und Stein unter kaltem Wasser ab. Mit dieser Maßnahme hat er die Schimmelbildung verhindert. Wenn man sich vor Augen hält, wie viel Arbeit das Einhobeln der Steckrüben gemacht hat – es war ja ein Arbeitsgang mehr als beim Einhobeln des Weißkrauts – kann ich mir nicht vorstellen, dass sich das heutzutage noch irgendjemand antun würde.

In der Metzgerei

In unserer Nachbarschaft hat es alles gegeben, was wir zum Leben gebraucht haben. Wie bereits beschrieben hatten alle Hausbewohner des Zollamts ihren eigenen Garten und wenige Gehminuten von uns entfernt waren der Metzger, der Schneider, der Schuster, der Milchbauer, der Bäcker und der Greißler. Ein Katzensprung nur war es auf die Müllhalde und an den See. Ein Strandbad, wie wir es heute kennen, gab es noch nicht. Dafür hatten wir noch ein bisschen mehr Natur, weniger Lärm und viel weniger Straßenverkehr. Das Leben mag vielleicht nicht so komfortabel wie heute gewesen sein, aber es war bestimmt nicht schlechter. Langsamer war es auf jeden Fall und vor allem nicht so hektisch wie heute.

Jeden Morgen schickte mich Mutter mit der Milchkanne zum Bauern und manchmal musste ich vom Bäcker auf dem Rückweg noch einen Weggen Schwarzbrot oder einen Kärntner Laib mitbringen. Weißbrot ist bei uns zu Hause nie auf den Tisch gekommen. Das gab's nur in Mäder bei meiner Großmutter, wenn sie in Kriessern von ihrem Eiergeld einen Vierpfünder erstanden hatte. Auf dem Heimweg von der Bäckerei bin ich immer an der Metzgerei vorbeigekommen, die sich auch in unserer unmittelbaren Nachbarschaft befunden hat.

Von dieser Metzgerei habe ich schon kurz berichtet, als ich davon sprach, dass wir Buben hinterm Büro des Betriebsleiters vom Kieslagerplatz aus geangelt haben und manchmal mit Blut vermischte Fleischabfälle geschlachteter Tiere aus dem Abwasserrohr in der Kaimauer in den See rinnen sehen haben. In dieser Metzgerei hat Mutter ab und zu Fleisch gekauft. Wurstwaren gab es bei uns fast nie, außer es hatte sich Besuch angekündigt und Mutter wollte den Gästen etwas ganz Besonderes bieten.

Wenn es wieder einmal soweit gewesen ist, dass zwei, drei Schweine zum Schlachten angeliefert worden sind, hieß das für uns, dass die Zeit gekommen war, in den Laden zu gehen und die Frau des Metzgers um frische Schweinsblasen zu bitten. Sie kannte uns ja und versprach uns gewöhnlich für jeden von uns am nächsten Tag eine auf die Seite zu legen. So war es denn auch.

Wir haben damals natürlich nicht gewusst, dass schon Heinrich VIII, König von England, in der ersten Hälfte des sechzehnten Jahrhunderts mit getrockneten Schweinsblasen Fußball gespielt haben soll!

Nun, da jeder von uns im Besitz einer frischen, noch feuchten Schweinsblase gewesen ist, ging es zuerst einmal darum, sie zu präparieren und für unsere

Zwecke brauchbar zu machen. Dazu holten wir eine Fahrradpumpe, suchten an der Blase den Harnröhreneingang, steckten das Pumpenventil hinein und pumpten so lange Luft in die Blase, bis sie etwa die Größe eines stark aufgeblasenen Luftballons gehabt hat. Nun konnte man gut sehen, dass die Haut von unzähligen zarten Äderchen durchzogen war. Jetzt mussten wir das Ende der Harnröhre an der Blase nur noch mit einem festen Zwirn abbinden und schon hätten wir – so wie seinerzeit bereits Heinrich VIII – mit der Schweinsblase Fußballspielen können. Da wir bereits in unseren Kindertagen einen ledernen Fußball gehabt haben, verzichteten wir darauf, banden die Schweinsblase mit dem Zwirn an eine Rute fest und jagten damit die kleineren Kinder und die Mädchen durch unseren Hof, indem wir ihnen bei jeder Gelegenheit die noch feuchte Schweinsblase um die Ohren gehauen haben. Das fanden nicht alle Mütter im Zollamt appetitlich und so bekamen wir natürlich – wie schon so oft – auch diesmal wieder Schelte.

Nach ein paar Tagen begann die Blase wie alles Vergängliche recht streng zu riechen und weil wir sie in unserem Keller aufbewahrt hatten, war sie eines Tages verschwunden. Vater konnte sich wahrscheinlich mit dem Gestank nicht arrangieren und wollte nicht warten, bis die Blase trocken geworden wäre. Getrocknet hätte man sie praktisch unbegrenzt aufbewahren können.

Noch eine Geschichte fällt mir in diesem Zusammenhang ein. Wir hatten Naturkundeunterricht und befanden uns bereits in der Hauptschule, als wir über das menschliche Auge unterrichtet worden sind. Um den Unterricht anschaulicher und lebendiger zu gestalten, beschloss ich, den Metzger um das Auge einer Kuh zu bitten. Der machte nicht lange herum, bat mich, mitzukommen und schnitt aus einem am Boden herumliegenden Kuhkopf ein Auge heraus. Ich fragte ihn gleich, ob ich das andere auch mitnehmen dürfe, so quasi als Reserve. Am nächsten Tag legte ich unserm Lehrer beide Augen auf den Tisch. Der war zwar überrascht, hat sich aber über mein Interesse am Naturkundeunterricht im Allgemeinen und an diesem Spezialgebiet im Besonderen gefreut.

Zum Erstaunen von uns allen schien er sich auch nicht daran zu stören, dass am hinteren Teil der Augen noch Reste von Fleischfasern und Bindegewebe dran hingen. Er rief uns alle zu sich, holte ein paar Blatt Papier aus dem Schreibpult, legte ein Auge drauf, nahm sein Taschenmesser aus der Hosentasche und versuchte vorsichtig das Auge aufzuschneiden. Als Biologielehrer wollte er uns wahrscheinlich den Aufbau des Auges erklären. Ohne Erfolg! Sein Taschenmesser war vermutlich zu wenig scharf und die Hornhaut des Kuhauges so hart und fest, dass es ihm nicht gelungen ist, sie zu durchschneiden. Schließlich gab er auf und ich durfte beide Augen wieder an mich nehmen.

Ich verstaute sie in meinem Schreibpult und dann hatten wir Pause. Als Erstes legten wir ein Auge auf den Boden und einer von uns kletterte auf die Schulbank, um von dort oben runter auf das Auge zu hüpfen, in der Hoffnung, dass sich nun etwas rühren werde. Da war nichts zu machen! Das Auge blieb verschlossen und schenkte uns nur einen trüben Blick. Erst zu Hause habe ich es dann mithilfe von Vaters Werkzeug geschafft, ein Auge zu öffnen und bis zum Glaskörper vorzudringen.

Trivia

Annie Leonard, Jahrgang 1964, bekannt für ihre Internetdokumentation The Story of Stuff und seit 2014 Executive Director von Greenpeace USA, zitiert Victor Lebow wie folgt, indem sie schreibt, was dieser 1955 über Wirtschaftswachstum sagte:

„Unsere enorm produktive Wirtschaft verlangt, dass wir Konsum zu unserer Lebensweise machen, dass wir das Kaufen und Benutzen von Gütern zu einem Ritual machen, dass wir unsere spirituelle Zufriedenheit, die Befriedigung unseres Egos, im Konsum suchen. Wir wollen Dinge konsumieren, verbrauchen, ersetzen, und wegwerfen – und das mit immer wachsender Geschwindigkeit."Victor Lebow, Journal of Retailing, 1955

Im September 1955 vor nunmehr mehr als sechs Jahrzehnten, als dieser Text veröffentlicht worden ist, war ich noch nicht einmal acht Jahre alt. Ich hatte grade mal die ersten Sommerferien nach der ersten Klasse der Volksschule hinter mir und stand vor dem Eintritt in die zweite Grundschulklasse. Meine Welt erlebte ich bis dahin und auch in den folgenden paar Jahren in dem wunderbaren Gefühl, zusammen mit meinen Spielkameraden in einem oder zwei klapprigen Waggons auf einer Schmalspurbahn zu fahren und von einer alten, vor sich hin schnaubenden kleinen Dampflokomotive gezogen zu werden. Der Zug fuhr so langsam, dass ich jederzeit während der Fahrt hätte abspringen und wieder zusteigen können. Links und rechts vom Bahndamm konnte ich während der Fahrt mühelos die Köpfe der blauen Wegwarte zählen – einer Blume, die ich vom Naturkundeunterricht her kannte.

Heute, mehr als sechzig Jahre danach und unzählige Ereignisse, Zufälle und Erfahrungen später haben alle damaligen Zeitgenossen längst mitbekommen, dass wir schon vor einer ganzen Weile von der kleinen Dampflok in einen Hochgeschwindigkeitszug umgestiegen sind. Wir sind damit so schnell unterwegs, dass wir das Naheliegende zwar noch erkennen, aber nicht genau sehen können, weil wir zu schnell daran vorbei rasen. Und das weiter Entfernte lässt sich zwar sehen, aber nicht genau erkennen, weil es zu weit weg ist.

Vielleicht täten wir gut daran, mal die Notbremse zu ziehen und innezuhalten. Vielleicht wäre es auch sinnvoll, darüber nachzudenken, wie das bereits Vorhandene zum Vorteil aller noch besser gemacht werden könnte, anstatt zu Lasten aller und vor allem zu Lasten unserer Erde immer weiter zu „wachsen!"

Trotzdem – und davon bin ich zutiefst überzeugt –

gibt es berechtigte Hoffnung. Da sind die vielen Jungen, junge Menschen also, die so wie wir Alten auch größtenteils in materiellem Wohlstand aufgewachsen sind, aber nichts davon halten, dass andere auf ihre Kosten leben und ihre Zukunft verspielen.

In diesem Sinne möchte ich alle ermutigen, das Leben jeden Tag aufs Neue zu leben, zu genießen, die Hoffnung nie aufzugeben und unbeirrbar an die Jugend und ihre Kraft zur Veränderung zu glauben!

Über den Autor

Dieter Gruber wurde im Dezember 1947 in Hard am Bodensee geboren. Nach dem Besuch der Handelsakademie in Bregenz war er einige Jahre in leitender Funktion in der Bauwirtschaft tätig. Im Anschluss daran machte er sich als Unternehmensberater selbständig und fokussierte sich mit seiner Erfahrung auf die Rettung in Not geratener Kleinbetriebe.

Zu seinen Lieblingsbeschäftigungen zählen die Pflege guter Beziehungen und das Bekochen und Bewirten von Familie und Freunden, Lesen, Musizieren und das Angeln in Küstengewässern.

Heute lebt Gruber mit seiner Frau Tina in Bregenz, „nahe genug am Wasser und weit genug weg vom Trubel der Stadt", wie er sagt. Das Wohlergehen der Familie - Gruber hat zwei erwachsene Söhne und zwei Enkel - steht über allem.

Als Gesprächspartner ist er zugewandt, offen und interessiert; als begeisterter Hobbymusiker ist er ein willkommener Gast bei unterschiedlichen Anlässen.